El
Mentor

AFIRMANDO Y CUIDANDO A LOS DEMÁS

Joseph Anthony Andino

JOABY
BOOKS
A division of Joaby Ministries

Impreso en los Estados Unidos

Traducido al español por: Abigail Andino
Editado por: Madeline Pereira
Portada por: Marc McBride

ISBN # 978-1-7338857-20

Joaby Books, a division of Joaby Ministries

Contenido

Dedicatoria

Quiero dedicar esta obra literaria a todos los maestros/mentores de la Academia de Discipulado de la Catedral Nuevos Comienzos, en Passaic New Jersey. Gracias por sus esfuerzos y la dedicación que muestran apoyando a los nuevos creyentes en su desarrollo espiritual. Es un gozo ministrar contigo y ver como las almas van creciendo en la gracia y conocimiento de nuestro Señor Jesucristo. Que la bendición de nuestro Señor abunde en sus vidas siempre.

Pastor Bryan Martínez
Juan y Scarlett Busque
Luis y Lissette Reyes
Carlos y Edith Méndez
Noel y Mabel González
Javier y Adela Huerta
Giovani y Nancy Villalona
Apolonio y Evelyn Sosa
Miguel y Cruz Rosario
José Montalvo
Bernardo Ruiz
Martha Ventura
Maritza Chalas

De igual manera quiero agradecer a la directora de nuestra Academia de Discipulado, Migdalia Hernández Sánchez, y su equipo de liderazgo, por su arduo trabajo, corazón de servicio, y dedicación a la excelencia. Podemos atribuir el éxito de nuestra Academia a su ministerio de liderazgo y su pasión por las almas. Ciertamente, habrá una corona en el cielo que refleja sus esfuerzos.

Por fin, quiero dar gracias a Dios por mi esposa, la pastora Abigail Andino, por ser mi ayuda idónea por los últimos 25 años. Comenzamos nuestra jornada de discipulado eclesiástica en el estado de Kentucky, donde duramos ocho años en aquella obra y vimos la mano de Dios formar y bendecir a muchas personas. Ahora, por más de diez años, estamos haciendo discípulos en la cuidad de Passaic New Jersey, y ha sido una bendición extraordinaria. Solo Dios sabe lo que nos espera en el futuro; pero una cosa si se, y es que juntos, continuaremos haciendo discípulos para la honra y gloria de aquel que nos llamó. Te amo.

Introducción

Si está leyendo este libro debe ser porque recientemente se ha convertido en un seguidor de Jesucristo; o puede ser que, como cristiano, aún no ha tenido la oportunidad de estudiar un curso de discipulado. En ambos casos, déjeme decirle que ha tomado la decisión correcta. Si eres un creyente nuevo, este libro le guiará en sus primeros pasos como discípulo de Jesús. Es importante que todo cristiano conozca, entienda y sepa quién le ha salvado, por qué (o para qué) ha sido salvo, de qué ha sido salvado y de cómo compartir su experiencia de salvación y su fe, además de otros principios básicos y prácticos que enseña la biblia. Este conocimiento, bien aprendido, será el fundamento sólido que servirá como la base sobre la cual construir una vida cristiana saludable, consistente y estable. Si estás leyendo el libro porque nunca has tenido la oportunidad de estudiar un curso de discipulado, este libro le ayudara a recordar lo básico de la fe cristiana y las herramientas para entrenar a otros en el desarrollo de su fe.

El ministerio de discipulado ha sido esencial y fundamental en la iglesia desde su nacimiento. Después de la crucifixión de Jesús, y antes de su ascensión a la diestra del Padre, Jesús comunico unas instrucciones importantes a sus discípulos con el fin de motivarles a continuar el ministerio que él había iniciado; "*id, y haced discípulos a todas las naciones, bautizándolos en el nombre del Padre, y del Hijo, y del Espíritu Santo; enseñándoles que guarden todas las cosas que os he mandado; y he aquí yo estoy con vosotros todos los días, hasta el fin del mundo"* (Mateo 28:19, 20). Por más de tres años, Jesús ministro a las necesidades espirituales y físicas de su comunidad compartiendo el amor y poder de Dios y mostrando que una nueva época en la historia de la raza humana había empezado. Jesús entrego los detalles e instrucciones de este nuevo pacto a sus discípulos, con la fe y esperanza de que ellos iban a hacer lo mismo. Dos mil años después, hay más de mil millones de discípulos de Jesús siguiendo el legado ministerial del Maestro. Preparé esta obra literaria para ayudar a todos los creyentes que desean ser colaboradores con Jesús en la expansión de su reino y la edificación de su iglesia a través de la tradición cristiana del ministerio de discipulado.

Como usar este recurso

La Academia de Discipulado fue creada para entrenar a los nuevos creyentes en el conocimiento básico de la fe cristiana. Por la gran pasión que nos mueve, y por el sincero deseo de cumplir la gran misión de Jesús, al cual comúnmente nos referimos como "La Gran Comisión" (Mateo 28:18-20; Marcos 16:15-20), he creado este currículo que se enfoca en cinco principios básicos del discipulado, practicados por Jesús, con el propósito de alcanzar la meta de hacer discípulos de todas las naciones. Estos cinco principios son: *demostración* – Jesús fue un ejemplo perfecto de liderazgo; *invitación* – Jesús invito a sus discípulos a seguirle; *conexión* – Jesús cuido a sus seguidores con amor; *educación* – Jesús equipo a sus discípulos para lo obra del ministerio; y *comisión* – Jesús envió a sus discípulos a ser colaboradores en su reino. He tomado estos principios para crear cinco niveles de entrenamiento para el desarrollo integral del creyente. Estos niveles de entrenamiento son:

(1) La escuela de adorares; (2) La escuela de evangelismo; (3) La escuela de mentoría; (4) La escuela del ministerio; y (5) La escuela de líderes.

El enfoque del primer nivel de la academia, la escuela de adoradores, es enseñar al creyente como desarrollar una vida espiritual íntima con Jesucristo. Logramos esto enseñando al alumno lo que significa ser un discípulo de Jesús con el privilegio que tenemos de desarrollar una vida de oración, lectura bíblica y la adoración de su santo y bendito nombre. Una gran parte de este nivel se concentra en instruir al alumno sobre la naturaleza de la salvación que Dios nos ha dado. Cuando el discípulo concluye la escuela de adoradores, estará listo para ser bautizado en agua y entenderá lo que significa adorar a Dios en espíritu y verdad.

La escuela de evangelismo es el segundo nivel de entrenamiento en la academia y se enfoca en enseñar al creyente cómo compartir el evangelio de Jesucristo con otros. En el primer nivel, el discípulo aprende como acercarse a Jesús y los fundamentos que lo mantendrá en un desarrollo espiritual saludable, en este nivel, aprenderá como traer otros a Jesús. Para capacitar el discípulo como ganador de almas perdidas, el alumno debe entender que cada creyente tiene el llamado de evangelizar a otros. Con este fin será equipado para comprender y compartir el mensaje del evangelio de Jesucristo con las personas que están a su alcance. También entenderá la necesidad de ser un testigo fructífero que comunica el mensaje del evangelio con poder de lo alto. Cuando cumple con los requisitos de este nivel, tendrá las herramientas necesarias de ser un testigo fiel.

En el tercer nivel de entrenamiento, la escuela de mentoría, el creyente es orientado en cómo cuidar y afirmar las personas que él o ella ha ganado para Cristo. Aquí ellos aprenderán sobre el mandamiento más importante en toda la biblia, que es el de amar a Dios con todo el corazón, alma y mente y a su próximo como a sí mismo. Aprenderá los principios de una paternidad espiritual saludable, la importancia de mantener relaciones sanas con los miembros de nuestra comunidad de fe, y las maneras en que los creyentes se van desarrollando espiritualmente. Con el cumplimiento de estos tres niveles de capacitación espiritual, los alumnos estarán capacitados para aprender como sus dones deben funcionar dentro de la iglesia local.

La escuela del ministerio es el penúltimo nivel de entrenamiento de la academia y en ella el discípulo será orientado en como descubrir y desarrollar los dones que Dios les ha dado. En este nivel el alumno aprenderá los principios básicos de la naturaleza de la iglesia de Jesucristo y el gran privilegio que Dios nos ha dado de servir en ella. Para servir en la iglesia con excelencia, el discípulo aprenderá como identificar los dones funcionales que Dios le ha dado y la importancia de perfeccionar esos dones para el servicio maravilloso del rey de reyes. También entenderá la diferencia entre los dones espirituales, administrativos y ministeriales. Esto capacitara al creyente a funcionar dentro del reino de nuestro Señor, a través de la iglesia local, en una manera apasionada y ordenada.

El último nivel de la Academia de Discipulado es la escuela de líderes. Aquí enseñamos al creyente a cómo ser un líder en su hogar, en la iglesia y en su comunidad. Mientras el discípulo va creciendo en la gracia y en el conocimiento de Jesucristo, debe entender que su vida puede ser de una influencia positiva para los que están en su círculo de influencia. A esta altura, el cristiano estudiará los principios de liderazgo tomados de la vida de Jesús con el fin de ser empoderado a practicar los mismos principios en su vida cotidiana. Durante los cinco niveles de la academia de discipulado, estoy confiado de que el discípulo experimentará un crecimiento extraordinario bajo la supervisión de su maestro/mentor; y al completar el curso, estará listo para ser colaborador en la expansión del reino de nuestro señor, trabajando arduamente en su iglesia local.

Reglamentos de la Academia

Cada lección de estudio de la Academia de Discipulado contiene información práctica y pasajes bíblicos para la edificación del creyente. La mayoría de las lecciones en cada nivel pueden ser ministradas por el maestro/mentor, a sus discípulos, en una hora de clase. Las lecciones que son más extensos deben ser divididos en dos clases (ninguna lección debe ser dividido en tres clases). Si siguen este modelo, el alumno podrá completar la academia en un año y medio. Los reglamentos que siguen deben ser considerados por cada maestro/mentor:

* ❖ Todo estudiante de la Academia debe completar los cinco niveles de discipulado para poderse graduar.

❖ Todo estudiante debe cumplir con los proyectos de discipulado de cada módulo antes de ser promovidos al próximo nivel (véase a *los proyectos del discípulo*).

❖ Todo estudiante debe completar un mínimo de ocho lecciones en cada nivel para ser promovidos al próximo nivel.

❖ Todo estudiante debe venir completamente preparado a la clase para el estudio (con la Biblia, el libro de texto o el cuaderno, y una libreta de apuntes).

❖ Para los alumnos que están estudiando algún nivel por su cuenta (sin un maestro) y desean recibir de nuestras oficinas un certificado de nuestro ministerio, deberán tomar un examen escrito (provisto por nuestras oficinas) en la presencia de algún oficial de su iglesia.

❖ Toda instrucción o reglamento adicional está a la discreción del maestro.

Los materiales que corresponden a cada nivel están disponibles y pueden ser adquiridos comunicándose con las oficinas de nuestro ministerio al (973) 472-3498 o vía Internet a joaby@aol.com o www.academiadediscipulado.com.

Proyectos del discípulo

Cada nivel de preparación en la Academia de Discipulado viene con la asignación de un proyecto diseñado para la práctica de los principios bíblicos aprendido. En la mayoría de los casos, los maestros/mentores deben de estar presente para supervisar el desarrollo de sus discípulos. Estos proyectos son:

1. *La escuela de adoradores* – un retiro espiritual en la iglesia anfitriona con todos los alumnos

2. *La escuela de evangelismo* – trabajo personal en las calles, plazas o "mall" de la cuidad

3. *La escuela de mentoría* – trabajo personal en los hospitales o asilo de ancianos

4. *La escuela de ministerio* – cada alumno debe ser voluntario de uno o varios ministerios de su iglesia local para descubrir donde Dios le está llamando a servir.

5. *La escuela de líderes* – cada alumno debe asistir al retiro de líderes en preparación de su graduación. En este retiro, cada alumno compartirá su experiencia de formación con su clase. La última parte del retiro consistirá en una ceremonia de lavamiento de pies donde el alumno tomara para si un colega, y tomaran turnos para lavar los pies el uno al otro, orando y bendiciendo el uno al otro en el proceso.

El

Mentor

Afirmando y cuidando a los demás

El Gran Mandamiento

"Amando a Dios y al Prójimo"

....

Y he aquí un intérprete de la ley se levantó y dijo, para probarle: Maestro, ¿haciendo qué cosa heredaré la vida eterna? Él le dijo: ¿Qué está escrito en la ley? ¿Cómo lees? Aquél, respondiendo, dijo: Amarás al Señor tu Dios con todo tu corazón, y con toda tu alma, y con todas tus fuerzas, y con toda tu mente; y a tu prójimo como a ti mismo. Y le dijo: Bien has respondido; haz esto, y vivirás.

....

Para poder ser un mentor eficiente, tenemos que aprender cómo comportarnos con nuestros hermanos en Cristo. De que nos vale aprender los principios de mentaría, si no tratamos a nuestros hermanos con amor y respeto. Esta verdad está revelada en la declaración del gran mandamiento.

En nuestro versículo central, un abogado, con intenciones deshonestas, hace una pregunta a Jesús sobre la vida eterna. Jesús contesta su pregunta y en la respuesta descubrimos que el gran mandamiento es amar a Dios y amar a nuestro prójimo. Pero ¿Cómo es posible que un ser humano limitado y finito pueda amar a Dios que es divino e infinito? ¿Cómo se puede medir tal amor? Y ¿Qué tiene que ver nuestra relación con Dios, con nuestro prójimo? En esta lección vamos a contestar algunas de estas preguntas y vamos a ser retados a recibir, desarrollar y compartir el amor de Dios con otros.

Amar a Dios

Una Prioridad

Lo primero que debemos entender sobre nuestro versículo central es que la afirmación de Jesús nos enseña una prioridad dentro de la ley de Dios. En el evangelio según Mateo (22:36), la pregunta fue: "¿cuál es el *gran* mandamiento en la ley?" Marcos (12:28) registra la pregunta cómo, "¿Cuál es el *primer* mandamiento de todos?" Las palabras "gran" y "primer" confirman la importancia de este principio espiritual y debe ser considerada como una prioridad en la vida de cada discípulo.

Dios compartió la ley de la prioridad con los hijos de Israel en el Antiguo Testamento con el fin de prepararlos para la nueva vida en la tierra prometida. Sabiendo que la vida abundante de ese lugar podía robar el amor y agradecimiento por un Dios que les sacó de la esclavitud de Egipto, Él les da este mandamiento: *"Cuando hayas entrado en la tierra que Jehová tu Dios te da por herencia, y tomes posesión de ella y la habites, entonces tomarás de las **primicias** de todos los frutos que sacares de la tierra que Jehová tu Dios te da, y las pondrás en una canasta, e irás al lugar que Jehová tu Dios escogiere para hacer habitar allí su nombre"* (Deuteronomio 26:1,2).

Las primicias fueron creadas para promover agradecimiento en los hijos de Israel. Cada vez que ofrecían a Dios sus primicias, iban a recordar que sus posesiones y bendiciones vinieron de Él y no solo de sus esfuerzos humanos. Cuando nuestra relación con Dios es una prioridad, estamos amándolo de verdad.

Jesús enseñó esto a sus discípulos durante el sermón del monte. Sabiendo que las necesidades de la vida tienen el potencial de desanimar al creyente y apagar las llamas de la intimidad espiritual con Dios, él les da este reto de fe; *"Por tanto os digo: No os afanéis por vuestra vida, qué habéis de comer o qué habéis de beber; ni por vuestro cuerpo, qué habéis de vestir. ¿No es la vida más que el alimento, y el cuerpo más que el vestido? Mirad las aves del cielo, que no siembran, ni siegan, ni recogen en graneros; y vuestro Padre celestial las alimenta. ¿No valéis vosotros mucho más que ellas? ¿Y quién de vosotros podrá, por mucho que se afane, añadir a su estatura un codo? Y por el vestido, ¿por qué os afanáis? Considerad los lirios del campo, cómo crecen: no trabajan ni hilan; pero os digo, que ni aun Salomón con toda su gloria se vistió así como uno de ellos. Y si la hierba del campo que hoy es, y mañana se echa en el horno, Dios la viste así, ¿no hará mucho más a vosotros, hombres de poca fe? No os afanéis, pues, diciendo: ¿Qué comeremos, o qué beberemos, o qué vestiremos? Porque los gentiles buscan todas estas cosas; pero vuestro Padre celestial sabe que tenéis necesidad de todas estas cosas. Mas buscad **primeramente** el reino de Dios y su justicia, y todas estas cosas os serán añadidas (Mateo 6:25-33).*

El principio aquí está claro. Las necesidades terrenales no deben tomar prioridad en la vida del creyente porque cuando buscamos a Dios, amándolo con todo el corazón, el suple todo lo que necesitamos.

Su evidencia es la obediencia

En muchos casos, el amor espiritual que damos y recibimos de Dios es diferente al amor que hemos experimentado antes de creer en Jesús. El concepto del amor de este siglo está basado en emociones y en el ego del hombre. De lo contrario, el amor de Dios está basado en compromiso y sacrificio. Si vamos a desarrollar una relación saludable con nuestro Señor, tenemos que entender que nuestro amor tiene que ir más allá del calor que sentimos cuando estamos en el servicio alabando su nombre. Aunque esa experiencia es saludable en sí, tenemos que convertir esa emoción en un compromiso de obediencia a Su palabra. Considera los siguientes versículos como prueba de esta declaración:

Deuteronomio 10:12-14 – *"Ahora, pues, Israel, ¿qué pide Jehová tu Dios de ti, sino que temas a Jehová tu Dios, que andes en todos sus caminos, y que lo ames, y sirvas a Jehová tu Dios con todo tu corazón y con toda tu alma; que guardes los mandamientos de Jehová y sus estatutos, que yo te prescribo hoy, para que tengas prosperidad?"*

Juan 14:15, 23 – *"Si me amáis, guardad mis mandamientos .Respondió Jesús y le dijo: El que me ama, mi palabra guardará; y mi Padre le amará, y vendremos a él, y haremos morada con él."*

Éxodo 19:5 – *"Ahora, pues, si diereis oído a mi voz, y guardareis mi pacto, vosotros seréis mi especial tesoro sobre todos los pueblos; porque mía es toda la tierra."*

Fíjate que las escrituras establecen una conexión entre el amar a Dios y la obediencia a su palabra. Si nuestro amor para Dios está limitado sólo en las emociones que sentimos y estos no impacten a nuestro comportamiento, entonces, necesitamos arrepentirnos de nuestras obras muertas y comenzar a practicar la obediencia a su palabra. Esto fue una de las lecciones que Jesús compartió con Pedro después que este lo negó tres veces. En su encuentro con el maestro después de la resurrección, Jesús le pregunta lo siguiente: *"Simón, hijo de Jonás, ¿me amas más que éstos? Le respondió: Sí, Señor; tú sabes que te amo. Él le dijo: Apacienta mis corderos. Volvió a decirle la segunda vez: Simón, hijo de Jonás, ¿me amas? Pedro le respondió: Sí, Señor; tú sabes que te amo. Le dijo: Pastorea mis ovejas. Le dijo la tercera vez: Simón, hijo de Jonás, ¿me amas? Pedro se entristeció de que le dijese la tercera vez: ¿Me amas? y le respondió: Señor, tú lo sabes todo; tú sabes que te amo. Jesús le dijo: Apacienta mis ovejas"* (Juan 21:15-17).

El mensaje a Pedro fue claro, y se lo dijo tres veces. Su amor tenía que ser manifestado en obediencia; ¡Simón, si me amas, apacienta mis ovejas! Este es el mensaje; la evidencia de nuestro amor para con el Señor es la obediencia. Que esto nos motive a abrir nuestro corazón y recibir el amor de Dios de tal manera que otros puedan ver el amor de Dios pues escrito está: *"Amad a Jehová, todos vosotros sus santos; A los fieles guarda Jehová, Y paga abundantemente al que procede con soberbia* (Salmos 31:23)...*Y el Señor encamine vuestros corazones al amor de Dios, y a la paciencia de Cristo* (2 Tesalonicenses 3:5)...*Pero vosotros, amados, edificándoos sobre vuestra santísima fe, orando en el Espíritu Santo, conservaos en el amor de Dios, esperando la misericordia de nuestro Señor Jesucristo para vida eterna (Judas 1:20, 21)."*

Amar al prójimo

La segunda mitad del gran mandamiento dice que tenemos que amar a nuestro *"prójimo."* La Biblia nos enseña que el desarrollo de una vida espiritual saludable comienza con nuestra habilidad de amar a Dios y al ser humano, (nuestro prójimo). Esta es una de las razones por las cuales necesitamos ser entrenados en el área del cuidado espiritual. Nuestra naturaleza humana es egoísta y se inclina a buscar sólo sus propios intereses. Si deseamos ser un verdadero discípulo de Cristo, tenemos que aprender a preocuparnos por las necesidades de otros y especialmente, de los que son parte de nuestra familia espiritual.

El versículo central dice claramente que tenemos que amar a nuestro prójimo *"como a ti mismo."* Tome un minuto para meditar en lo que significa eso. ¿Cuáles son los esfuerzos que usted hace para amarse a sí mismo? Piense en todo lo que usted ha invertido en sí mismo. La educación. La economía. El descanso. Lo cosmético. El ser humano hace mucho para sentirse cómodo, alegre, saludable y tranquilo. No solo esto, pero si algo pasa en el transcurso de nuestro día que interrumpa nuestra comodidad, nos enojamos, nos frustramos y aún más peleamos con aquello o aquel que es culpable de tal cosa. Si somos sinceros, todos necesitamos aprender cómo cuidar a nuestro hermano mejor.

La segunda parte del gran mandamiento nos enseña una verdad espiritual muy importante en la vida del creyente. Si estamos llamados a amar a Dios y a nuestro prójimo; entonces, podemos concluir que el grado de nuestro amor con Dios se puede medir conforme al grado en que estamos amando a nuestro prójimo. En otras palabras, el amor fraternal (el amor al prójimo) es una evidencia del amor que tenemos para con Dios. Esto es un principio fundamental sobre la importancia del amor fraternal. Vamos a abrir nuestras biblias para estudiar varios puntos sobre el amor fraternal.

El Amor fraternal es evidencia del amor divino

1 Juan 4:7-12 – "*Amados, amémonos unos a otros; porque el amor es de Dios. Todo aquel que ama, es nacido de Dios, y conoce a*

Dios. El que no ama, no ha conocido a Dios; porque Dios es amor. En esto se mostró el amor de Dios para con nosotros, en que Dios envió a su Hijo unigénito al mundo, para que vivamos por él. En esto consiste el amor: no en que nosotros hayamos amado a Dios, sino en que él nos amó a nosotros, y envió a su Hijo en propiciación por nuestros pecados. Amados, si Dios nos ha amado así, debemos también nosotros amarnos unos a otros."

1 Juan 19-21 – "*Nosotros le amamos a él, porque él nos amó primero. Si alguno dice: Yo amo a Dios, y aborrece a su hermano, es mentiroso. Pues el que no ama a su hermano a quien ha visto, ¿cómo puede amar a Dios a quien no ha visto? Y nosotros tenemos este mandamiento de él: El que ama a Dios, ame también a su hermano.*"

El apóstol Juan nos reta con palabras fuertes y sobrias: "El que no ama, no ha conocido a Dios" y el que no ama "es mentiroso". Esto nos debe motivar a abrir nuestro corazón hacia los demás. Es como si él nos está diciendo que no es posible recibir el amor de Dios sin que ese amor sea derramado sobre otros. Esto es difícil de creer porque podemos ver personas en las iglesias de Jesús que carecen del amor fraternal. ¿Será que estas personas han recibido una religión solamente sin recibir a la persona de Jesús? ¿Será que tienen dogmas y no doctrina? Como discípulo de Jesús, debe tener mucho cuidado en no convertirse en un religioso. Manténgase cerca del corazón de Jesús para que pueda escuchar su palpitar; amor...amor...amor. Recuerde, Dios es amor y sus verdaderos discípulos se conocen por el amor. Pues escrito esta, "el mundo sabrá que sois mis discípulos, si nos amáis los unos a los otros."

El amor fraternal nos hace cumplidores de la ley

Romanos 13:8 - 10 – *"No debáis a nadie nada, sino el amaros unos a otros; porque el que ama al prójimo, ha cumplido la ley. Porque: No adulterarás, no matarás, no hurtarás, no dirás falso testimonio, no codiciarás, y cualquier otro mandamiento, en esta sentencia se resume: Amarás a tu prójimo como a ti mismo. El amor no hace mal al prójimo; así que el cumplimiento de la ley es el amor."*

Santiago 2:8-10 – *"Si en verdad cumplís la ley real, conforme a la Escritura: Amarás a tu prójimo como a ti mismo, bien hacéis; pero si hacéis acepción de personas, cometéis pecado, y quedáis convictos por la ley como transgresores. Porque cualquiera que guardare toda la ley, pero ofendiere en un punto, se hace culpable de todos."*

El amor fraternal es evidencia de una vida santa

1 Tesalonicenses 3:12,13 – *"Y el Señor os haga crecer y abundar en amor unos para con otros y para con todos, como también lo hacemos nosotros para con vosotros, para que sean afirmados vuestros corazones, irreprensibles en santidad delante de Dios nuestro Padre, en la venida de nuestro Señor Jesucristo con todos sus santos."*

1 Pedro 1:22, 23 – *"Habiendo purificado vuestras almas por la obediencia a la verdad, mediante el Espíritu, para el amor fraternal no fingido, amaos unos a otros entrañablemente, de corazón puro; siendo renacidos, no de simiente corruptible, sino de incorruptible, por la palabra de Dios que vive y permanece para siempre."*

El amor fraternal nos hace servicial

Romanos 15:1-4 – *"Así que, los que somos fuertes debemos soportar las flaquezas de los débiles, y no agradarnos a nosotros mismos. Cada uno de nosotros agrade a su prójimo en lo que es bueno, para edificación. Porque ni aun Cristo se agradó a sí mismo; antes bien, como está escrito: Los vituperios de los que te vituperaban, cayeron sobre mí. Porque las cosas que se escribieron antes, para nuestra enseñanza se escribieron, a fin de que por la paciencia y la consolación de las Escrituras, tengamos esperanza."* (Nos hace ocupar por el bienestar de los demás)

Gálatas 5:13-15 – *"Porque vosotros, hermanos, a libertad fuisteis llamados; solamente que no uséis la libertad como ocasión para la carne, sino servíos por amor los unos a los otros.*"

En esta lección hemos aprendido que el mandamiento más importante para Dios es que aprendámos a amarle a él y a nuestro prójimo. Podemos poseer talentos y podemos lograr muchas cosas para Dios, pero de nada nos vale si no lo hacemos bajo la motivación primordial del amor. Recuerde que el amor bíblico es más que una emoción; es un compromiso. Es un sacrificio y es una decisión. Este principio es tan importante que debemos comenzar a orar que Dios derrame sobre nuestro corazón su amor cada día y que ese amor se manifieste hacia todos los que están a nuestro alrededor. Pues escrito está: "el mundo sabrá que vosotros sois mis discípulos, os amáis los unos a los otros."

El Buen Samaritano

....

"Poseyendo la actitud correcta"

Lucas 10:29-37
....

S i vamos a ser buenos mentores tenemos que poseer una actitud positiva hacia los demás. Nuestra actitud es la posición de nuestra mentalidad. Es la manera en que vemos las cosas. La persona que busca lo malo en todo tiene una actitud negativa. La persona que sabe buscar lo bueno en las cosas, tiene una actitud positiva. Las circunstancias pueden ser iguales, pero nuestra actitud determinará la manera en que vemos las cosas. Y según usted percíbe, así va a manejar la circunstancia.

Todos podemos cambiar nuestras actitudes porque nuestra actitud está relacionada con la manera en que pensamos. Las personas que poseen una actitud negativa están siendo dominadas por pensamientos negativos. Muchas veces nuestras experiencias malas contribuyen a pensamientos malos. Pensamos que, si la primera vez algo nos salió mal, siempre va salir mal. Estos pensamientos revelan una mente invadida con temor y duda y el enemigo nos convence de que las cosas no pueden cambiar ni ponerse mejor. Las personas que poseen una actitud positiva están siendo dominadas por pensamientos buenos por voluntad propia. No es que nosotros no recibámos pensamientos y sentimientos malos, sino que sepamos desechar esos pensamientos y emociones cuando traten de dominarnos. No podemos permitir que las malas experiencias del pasado causen temor y duda hacia nuestro futuro. ¡El pasado es el pasado y el futuro es el futuro! Las cosas van a mejorar. El Mañana será mejor que hoy. Tenemos un futuro brillante porque Jesucristo es nuestro Señor. Cuando llegan pensamientos malos, tenemos que aprender a rechazarlos. Es por eso, que el apóstol Pablo nos exhortó a "llevar cautivo todo pensamiento en Cristo Jesús."

Escogí la historia del buen samaritano para enseñar tres posibles actitudes que podemos tomar hacia nuestro hermano en Cristo. La última es la que debemos imitar.

Tres tipos de actitudes hacia el prójimo

El Actitud del Sacerdote

"Aconteció que descendió un sacerdote por aquel camino, y viéndole, pasó de largo" (versículo 31). El sacerdote representa una actitud religiosa disfuncional. Fíjase que el sacerdote vió la condición de su hermano y no se prestó para ayudarle. Mucho de los sacerdotes vivían en Jericó y subían a Jerusalén cuando era su turno para ministrar en el templo[1]. Párece que este sacerdote venía de estar ministrando al Señor en el templo cuando vió a su hermano casi muerto y no le

---

[1] Matthew Henry Complete Commentary

ayudó. *Éste es un espíritu o actitud religiosa.* Es cuando alguien quiere servir a Dios y no a su hermano.

Características de una actitud religiosa disfuncional

El Formalísmo – Cumpliendo con una rutina establecida disfuncional 1Samuel 15:22/ Salmos 51:16,17/ Isaías 29:13

El Legalísmo – Ser estricto, literal, conformarse en una manera exagerada a la ley o a un código[2] sin mostrar amor, gracia y misericordia. Marcos 2:23-28 / Juan 5:1-13/ Hechos 15:5,10/ Romanos 10:1-4/ Gálatas 1:11-17.

La Hipocresía – Pretender ser lo que no eres, la apariencia falsa de una virtud

Lucas 13:14/ Mateo 23:23 / Mateo 6:5

El Actitud del Levíta – *"Asimísmo un levíta, llegando cerca de aquel lugar, y viéndole, pasó de largo"* (versículo 32). El levíta vió la condición de su hermano, se acercó, pero no hizo nada para ayudarle. Esto revela dos cosas:

---

[2] Merriam-Webster Dictionary, page 489.

La Actitud del Levita

Los levítas eran los ayudantes y alumnos de los sacerdotes. Parece que esta actitud religiosa fué aprendida o transmitida a él. Éste tipo de transmisión disfuncional se conoce como maldiciones generacionales o los pecados de los Padres.

Escrituras – Éxodo 20:3-5,34:1-7/Jer.31:29-30,32:17-20/ Job 21:19

Números 14 – Castigo de Dios sobre Israel

Una actitud Inestable – El levíta *se acercó* a su hermano herido, pero *no hizo nada*. El acto de acercamiento indíca que quizás él pensaba hacer algo para ayudar a su hermano, pero cambió de mente y "pasó de largo."

Escrituras – Santiago 1:5,6 / Hebreos 13:9/ Efésios 4:14/ Oseas 6:4

La Actitud del Samaritano

Pero un samaritano, que iba de camino, vino cerca de él, y viéndole, fue movido a misericordia; acercándose, vendó sus heridas, echándoles aceite y vino; y poniéndole en su cabalgadura, lo llevó al mesón, y cuidó de él. Otro día al partir, sacó dos denários, y los dió al mesonero, y le dijo: Cuídamele; y todo lo que gastes de más, yo te lo pagaré cuando regrése" (versículo 33-35).

Fué movido a misericordia – *"Pero un samaritano, que iba de camino, vino cerca de él, y viéndole, fué movido a misericordia.* " Mateo 5:7 / Mateo 9:13 / Santiago 3:17 / Judas 1:21

<u>Lo Cuidó</u> – *"acercándose, vendó sus heridas, echándoles aceite y vino; y poniéndole en su cabalgadura, lo llevó al mesón, y cuidó de él"* (1 Corintios 12:25 / 2 Cor. 7:12, 11:28).

<u>Le dió seguimiento</u> – *"Otro día al partir, sacó dos denarios, y los dió al mesonero, y le dijo: Cuídamele; y todó lo que gastes de más, yo te lo pagaré cuando regrese."*

Como miembro de la iglesia de Jesucristo será testigo de varias actitudes equivocadas aún, de personas dentro de la iglesia que profesan ser cristianos. Es importante que usted no sea contaminado o influenciado por alguien que tenga unas actitudes erróneas de las que estudiamos en esta lección. Tome el tiempo y la determinación de imitar la actitud del buen Samaritano que procuró el bienestar de su hermano. Haciendo lo mismo, desarrollarás el corazón de Cristo.

Nuestra Familia Espiritual

"Siendo parte de la Iglesia de Dios"

Comenzamos la escuela de mentoría estudiando "El Gran Mandamiento". Aprendimos que el amar a Dios y amar a nuestro prójimo es la prioridad de cada creyente. Esto nos enseña que el amor de Dios nos conmueve a dar mentoría a los demás. En la lección de la semana pasada aprendimos sobre la importancia de tener una actitud correcta. Si queremos ser mentores productivos, tenemos que hacer todo lo que sea posible para mostrar una actitud positiva a todos. Eso significa, que tenemos que rechazar la tentación tener una actitud religiosa disfuncional y sacrificarnos para servir a las necesidades de otros. En esta lección vamos a estudiar sobre valor de ser parte de la familia espiritual de Dios.

<u>La Familia de Dios</u> (*Efesios 2:19-22*)

La biblia enseña que la iglesia es una familia espiritual conectada por la sangre de Jesucristo. Cada miembro de la familia debe someterse a las normas de la familia, cuidar a su hermano y funcionar según su habilidad y llamado. Así desfrutarémos de la compañía de Dios y de los hermanos.

En el contexto de este pasaje el Apóstol Pablo enseña que antes de conocer a Jesús como nuestro Señor y Salvador estábamos muertos en delítos y pecados, estábamos siguiendo la corriente del mundo, fuimos influenciados por Satanás, éramos carnales e hijos de ira, estábamos alejados de la ciudadanía de la familia de Dios y éramos ignorantes de las promesas de Dios sin fe y esperanza.

El texto comienza haciendo la declaración de que ya no somos extranjeros sino *"conciudadanos de los santos y miembros de la familia de Dios."* Esto significa que pertenecemos a Dios y el a nosotros, que tenemos todos los derechos como hijos legítimos, que tenemos responsabilidades como hijos y de que todos los que creen en Jesús son hermanos espirituales. El apóstol pablo afirma esta verdad teológica en su epistola a los Romanos; *"Pues no habéis recibido el espíritu de esclavitud para estar otra vez en temor, sino que habéis recibido el espíritu de adopción, por el cual clamamos: ¡Abba, Padre! El Espíritu mismo da testimonio a nuestro espíritu, de que somos hijos de Dios. Y si hijos, también herederos; herederos de Dios y coherederos con Cristo, si es que padecemos juntamente con él, para que juntamente con él seamos glorificados" (Romanos 8:15-17).*

Como creyentes en Jesús, hemos recibido el espíritu de Dios por adopción. En nuestra condición pecaminosa no éramos parte de la familia íntima de Dios, pero por la gracia de Jesucristo él nos hizo parte de su familia con todos los privilegios, derechos y responsabilidades; *"A lo suyo vino, y los suyos no le recibieron. Mas a todos los que le recibieron, a los que creen en su nombre, les dio potestad de ser hechos hijos de Dios; los cuales no son engendrados de sangre, ni de voluntad de carne, ni de voluntad de varón, sino de Dios" (Juan 1:11-13).*

En este versículo podemos aprender que el acto de ser adoptados dentro de la familia de Dios no fué un plan humano sino un plan divino. Este mismo mensaje es lo que el apóstol pablo comunica a la iglesia en Corinto; *"¿Y qué acuerdo hay entre el templo de Dios y los ídolos? Porque vosotros sois el templo del Dios viviente, como Dios dijo: Habitaré y andaré entre ellos, Y seré su Dios, Y ellos serán mi pueblo. Por lo cual, Salid de en medio de ellos, y apartaos, dice el Señor, Y no toquéis lo inmundo; Y yo os recibiré, Y seré para vosotros por Padre, Y vosotros me seréis hijos e hijas, dice el Señor Todopoderoso"* (2 Corintios 6:18). Dios es un Padre celoso. No de una manera mala o destructiva, sino de una manera constructiva y paternal. O sea, nuestro Padre celestial nos exhorta a apartarnos de lo inmundo porque el pecado tiene poder para destruir todo lo bueno que Dios tiene para usted como su hijo; *"Así que, según tengamos oportunidad, hagamos bien a todos, y mayormente a los de la familia de la fe"* (Gálatas 6:10).

Estos versículos confirman claramente que como creyentes en Jesús somos parte de la familia de Dios. Como en cualquier familia saludable, dentro de la familia de Dios hay una estructura que nos ayuda funcionar ordenadamente. Es importante que cada mentor entienda y se somete a esta estructura para mantener un espíritu de unidad y armonía en la iglesia. Las personas que no se conforman a la estructura de la iglesia toman el riesgo de ser instrumentos de confusión dentro de la familia lo cual, puede producir divisiones. Con esto en mente, vamos a estudiar la estructura de la familia espiritual de la iglesia.

La Estructura Familiar de la Iglesia

Nuestros Abuelos espirituales

Cada familia tiene abuelos. Ellos son los que un día engendraron hijos y ahora sus hijos han producido hijos. Los abuelos, por virtud de su posición en la familia, tienen un nivel de autoridad e influencia más alto que otros miembros de la familia. Ellos ante que los trabajaron por el bienestar de la familia. Los abuelos aconsejan y supervisan saludablemente a sus hijos y sus vidas son de gran inspiración y ejemplo para la familia entera. Tomando esta verdad natural podemos considerar a las siguientes personas como posibles abuelos espirituales de la iglesia:

Los Apóstoles y Profetas en la biblia – Ellos fueron nuestros antepasados quienes nos guían y nos aconsejan a través de sus escritos en la biblia. Son héroes de la familia de la fe y sus vidas son de gran inspiración.

Superintendentes, Obispos y Misioneros Fundadores – Ellos son líderes espirituales dentro la iglesia actual cuyas vidas son irreprensibles. Tienen muchos años de experiencia como líderes espirituales y su trabajo y esfuerzo en la obra de Dios es digno de imitar. Ellos dan cobertura espiritual a los pastores y otros líderes espirituales de la iglesia de Jesucristo. Supervisan sanamente el trabajo de la iglesia dando concejo y guíanza a los Pastores de la iglesia. En muchos casos, ellos supervisan más de una iglesia así que tienen un enfoque regional, nacional e internacional y aunque tienen nietos espirituales, siguen siendo un *Padre espiritual.*

Efesios 2:19, 20 – *"Así que ya no sois extranjeros ni advenedizos, sino conciudadanos de los santos, y miembros de la familia de Dios, edificados sobre el fundamento de los* **apóstoles y profetas,** *siendo la principal piedra del ángulo Jesucristo mismo."*

1 Corintios 12:27, 28 – *"Vosotros, pues, sois el cuerpo de Cristo, y miembros cada uno en particular. Y a unos puso Dios en la iglesia,* **primeramente apóstoles,** *luego profetas, lo tercero maestros, luego los que hacen milagros, después los que sanan, los que ayudan, los que administran, los que tienen don de lenguas."*

Hebreos 12:1 – *"Por tanto, nosotros también, teniendo en* **derredor nuestro tan grande nube de testigos,** *despojémonos de todo peso y del pecado que nos asedia, y corramos con paciencia la carrera que tenemos por delante."*

La nube de testigos mencionada aquí se refriere a los héroes de la fe del capítulo once del mismo libro.

1 Timoteo 3:1-7 – *"Palabra fiel: Si alguno anhela* **obispado,** *buena obra desea. Pero es necesario que el* **obispo sea irreprensible,** *marido de una sola mujer, sobrio, prudente, decoroso, hospedador, apto para enseñar; no dado al vino, no pendenciero, no codicioso de ganancias deshonestas, sino amable, apacible, no avaro; que gobierne bien su casa, que tenga a sus hijos en sujeción con toda honestidad (pues el que no sabe gobernar su propia casa, ¿cómo cuidará de la iglesia de Dios?); no un neófito, no sea que envaneciéndose caiga en la condenación del diablo. También es necesario que tenga buen testimonio de los de afuera, para que no caiga en descrédito y en lazo del diablo."*

Los Padres espirituales

Los Padres espirituales de la iglesia son las personas que están directamente alimentando, cuidando y dirigiendo a los miembros. Tienen bajo su responsabilidad el desarrollo espiritual de las ovejas de Dios. En la mayoría de las iglesias modernas de nuestro siglo, este trabajo es otorgado al Pastor de la iglesia. Él o ella es el líder principal de la iglesia en una área local (específica) y por virtud de su posición es el Padre de la casa (iglesia).

Hechos 20:17-28 – *"Enviando, pues, desde Mileto a Éfeso, hizo llamar a los **ancianos de la iglesia**. Cuando vinieron a él, les dijo: Por tanto, mirad por vosotros, **y por todo el rebaño** en que el Espíritu Santo os ha puesto por obispos, **para apacentar la iglesia del Señor**, la cual él ganó por su propia sangre."*

1 Pedro 5:1al 4 – *"Ruego a los **ancianos que están entre vosotros**, yo anciano también con ellos, y testigo de los padecimientos de Cristo, que soy también participante de la gloria que será revelada: **Apacentad la grey de Dios** que está entre vosotros, cuidando de ella, no por fuerza, sino voluntariamente; no por ganancia deshonesta, sino con ánimo pronto; no como teniendo señorío sobre los que están a vuestro cuidado, sino siendo ejemplos de la grey. Y cuando aparezca el **Príncipe de los pastores**, vosotros recibiréis la corona incorruptible de gloria."*

En la iglesia primitiva la palabra "anciano" se usaba para describir el "estatus" espiritual de un creyente. Los ancianos tenían una función pastoral dentro del rebaño y eran los pastores de la iglesia.

Hebreos 13:7, 17 – *"**Acordaos de vuestros pastores**, que os hablaron la palabra de Dios; considerad cuál haya sido el resultado de su conducta, e imitad su fe. . . Obedeced a vuestros **pastores,** y sujetaos a ellos; porque ellos velan por vuestras almas, como quienes han de dar cuenta; para que lo hagan con alegría, y no quejándose, porque esto no os es provechoso."*

Los Hermanos mayores

Los hermanos mayores en una familia natural ayudan a sus padres con ciertas responsabilidades en el hogar. De la misma manera, los diáconos y administradores de la iglesia ayudan a los Pastores en el servicio de la iglesia según sus habilidades. El ministerio Pastoral es amplio y los Pastores necesitan delegar las responsabilidades de la iglesia a líderes maduros que han sido hallados fieles para el servicio de Dios.

Filipenses 1:1 – *"Pablo y Timoteo, siervos de Jesucristo, a todos los santos en Cristo Jesús que están en Filipos, con los obispos y **diáconos:** Gracia y paz a vosotros, de Dios nuestro Padre y del Señor Jesucristo."*

1 Timoteo 3:8 -13 – *"Los **diáconos** asimismo deben ser honestos, sin doblez, no dados a mucho vino, no codiciosos de ganancias deshonestas; que guarden el misterio de la fe con limpia conciencia. Y éstos también sean sometidos a prueba primero, y entonces ejerzan el diaconado, si son irreprensibles. Las mujeres asimismo sean honestas, no calumniadoras, sino sobrias, fieles en todo. Los **diáconos** sean maridos de una sola mujer, y que gobiernen bien sus hijos y sus casas. Porque **los que ejerzan bien el diaconado**, ganan para sí un grado honroso, y mucha confianza en la fe que es en Cristo Jesús."*

2 Timoteo 2:2 – "*Lo que has oído de mí ante muchos testigos, esto encarga a **hombres fieles** que sean idóneos para **enseñar también a otros**.*"

Los Hermanos de la familia

Los hermanos de la iglesia son los creyentes quienes han confesado a Jesucristo como el Señor y Salvador de sus vidas. Ellos disfrutan de una dulce compañía con todos los hermanos de la iglesia. Los hermanos de la iglesia se desarrollan en la casa de Dios para trabajar en unidad con la visión y misión de la iglesia local hacia el cumplimiento de la gran comisión de Jesucristo. Los hermanos no solo son parte de una iglesia local, sino que también son parte de la familia universal de Jesucristo.

2 Corintios 1:1,2 – "*Pablo, apóstol de Jesucristo por la voluntad de Dios, y el **hermano Timoteo**, a la iglesia de Dios que está en Corinto, con todos los santos que están en toda Acaya: Gracia y paz a vosotros, de Dios nuestro Padre y del Señor Jesucristo.*"

Las palabras "los santos" que el apóstol Pablo menciona aquí es una referencia a los que "son parte" (miembros) de la iglesia de Jesucristo.

2 Corintios 2:13 – "*Cuando llegué a Troas para predicar el evangelio de Cristo, aunque se me abrió puerta en el Señor, no tuve reposo en mi espíritu, por no haber hallado a **mi hermano Tito**; así, despidiéndome de ellos, partí para Macedonia.*"

Es interesante notar aquí que, aunque el apóstol Pablo era el padre espiritual de Tito, y por dicha virtud tenía autoridad espiritual sobre él, lo llama "mi hermano Tito." Esto nos muestra la unidad familiar que debe existir dentro de la iglesia de Dios. Aunque todos tenemos distintas funciones y responsabilidades dentro de la iglesia, nunca dejémos de ser *hermanos*.

Efesios 6:21,22 – *"Para que también vosotros sepáis mis asuntos, y lo que hago, todo os lo hará saber Tíquico, **hermano amado** y fiel ministro en el Señor, el cual envié a vosotros para esto mismo, para que sepáis lo tocante a nosotros, y que consuele vuestros corazones."*

Filipenses 2:25 – *"Mas tuve por necesario enviaros a Epafrodito, **mi hermano** y colaborador y compañero de milicia, vuestro mensajero, y ministrador de mis necesidades; porque él tenía gran deseo de veros a todos vosotros, y gravemente se angustió porque habíais oído que había enfermado. "*

Colosenses 4:7- 9 – *"Todo lo que a mí se refiere, os lo hará saber Tíquico, **amado hermano** y fiel ministro y consiervo en el Señor, el cual he enviado a vosotros para esto mismo, para que conozca lo que a vosotros se refiere, y conforte vuestros corazones, con Onésimo, amado y fiel **hermano**, que es uno de vosotros. Todo lo que acá pasa, os lo harán saber."*

Como seguidor de Jesucristo, es importante entender que no está solo. Usted es parte de una familia espiritual local y universal. Como miembro de una familia espiritual local, es importante conocer a sus hermanos(as) y que se someta al liderazgo de la familia. Como familia no amamos los unos a otros, nos cuidamos los unos a otros y somos parte de su crecimiento. En las lecciones que siguen, aprenderá los principios necesarios para ser un mentor espiritual y así contribuir a la salud y crecimiento de nuestra familia espiritual. Por ahora, desfrute de la familia de fe que Dios le ha dado.

Relaciones Espirituales

"El ciclo de la paternidad"

En la última lección, aprendímos que como seguidores de Jesús tenemos una familia espiritual que nos ama, nos cuida y nos edifica. Aprendímos que tenemos abuelos, padres y hermanos en la fe quienes son parte de nuestro desarrollo espiritual. Cada día estarémos más familiarizados con nuestros hermanos y comenzarémos a establecer relaciones saludables con ellos. Estas relaciones espirituales se desarrollarán en tres áreas básicas que llamamos el ciclo de la paternidad. Un ciclo es un evento que se repite constantemente. En la paternidad espiritual, el creyente debe ser constantemente conectado a estas tres áreas básicas. Primeramente, debe ser un hijo. Esto significa que está sometido a un padre espiritual. En segundo lugar, debe ser un hermano. Esto significa que está conectado con otros hermanos en Cristo. Y por último debe ser un padre espiritual. Esto significa que se desarrollará de tal manera que producirá hijos espirituales un día. Estas tres áreas de la mentoría componen el ciclo de la paternidad y deben de estar activas en la vida del creyente (véase la tabla).

"Ciclo de la Paternidad"

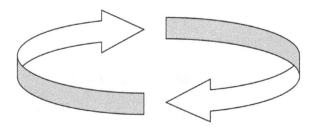

[1]Hijo a Padre   **[2]Hermano a Hermano**   **[3]Padre a Hijo**

El discípulo de Jesucristo debe aspirar, buscar y tener vigentes estas tres relaciones espirituales, constantemente, en su vida.

Tres relaciones espirituales

Hijo sometido al Padre

Cada discípulo de Jesucristo necesita aprender a ser un hijo. Cada discípulo necesita un padre espiritual quien sea capaz de impartir en él/ella la vida y carácter de Jesús. Esta relación de hijo y padre es el primer nivel de mentoría. En este nivel el discípulo necesita aprender a *"recibir"* mentoría de una persona de manera personal. En el primer nivel de discipulado (Los primeros pasos del discípulo), enseñamos algunos principios básicos del discipulado. En este aprendímos que el

28

discípulo de Jesucristo es un alumno o estudiante del Señor Jesús. Como alumno, el discípulo necesita poseer una actitud enseñable y un corazón apasionado para aprender. Para aprender los caminos de Jesús debemos estar conectados y sometidos a un maestro que nos equipará en la palabra de Dios en el poder del Espíritu Santo. Antes de poder dirigir a otro, necesita aprender a ser dirigido. Antes de dar órdenes, necesita obedecer órdenes. Antes de enseñar a otros, tiene que ser enseñado. Esto es lo que significa ser hijo. Un hijo aprende de su padre, confía en su padre y obedece a su padre. Hay una conexión entre los dos, puesta allí por Dios, con el fin de cumplir los propósitos eternos sus vidas. El alumno recibe la mentoría que necesita para crecer y el padre recibe la satisfacción de ser socio en la formación espiritual de un hijo de Dios. Este ciclo siempre debe estar activo en la vida del creyente aun cuando sea padre. Todos necesitamos tener una relación con alguien de más influencia. En los pasajes que siguen recibirá confirmación de esto.

Hechos 22:1-3 – *"Varones hermanos y padres, oíd ahora mi defensa ante vosotros. Y al oír que les hablaba en lengua hebrea, guardaron más silencio. Y él les dijo: Yo de cierto soy judío, nacido en Tarso de Cilicia, pero criado en esta ciudad, instruido a los **pies de Gamaliel**, estrictamente conforme a la ley de nuestros padres, celoso de Dios, como hoy lo sois todos vosotros."*

1 Timoteo 1:1, 2, 18 al 20 – *"Pablo, apóstol de Jesucristo por mandato de Dios nuestro Salvador, y del Señor Jesucristo nuestra esperanza, **a Timoteo, verdadero hijo en la fe:** Gracia, misericordia y paz, de Dios nuestro Padre y de Cristo Jesús nuestro Señor. . . Este mandamiento, **hijo Timoteo**, te encargo, para que conforme a las profecías que se hicieron antes en*

cuanto a ti, milites por ellas la buena milicia, manteniendo la fe y buena conciencia, desechando la cual naufragaron en cuanto a la fe algunos, de los cuales son Himeneo y Alejandro, a quienes entregué a Satanás para que aprendan a no blasfemar."

<u>Rut 1:15 al 19</u> – *"Y Noemí dijo: He aquí tu cuñada se ha vuelto a su pueblo y a sus dioses; vuélvete tú tras ella. Respondió Rut: No me ruegues que te deje, y me aparte de ti; porque a **dondequiera que tú fueres, iré yo,** y dondequiera que vivieres, viviré. Tu pueblo será mi pueblo, y tu Dios mi Dios. Donde tú murieres, moriré yo, y allí seré sepultada; así me haga Jehová, y aun me añada, que sólo la muerte hará separación entre nosotras dos. Y viendo Noemí que estaba tan resuelta a ir con ella, no dijo más. Anduvieron, pues, ellas dos hasta que llegaron a Belén; y aconteció que habiendo entrado en Belén, toda la ciudad se conmovió por causa de ellas, y decían: ¿No es ésta Noemí?"*

Podemos ver claramente en los primeros dos versículos que el apóstol Pablo fue hijo espiritual de Gamaliel antes de ser el padre espiritual de Timoteo. Vemos este mismo principio en los doce discípulos. En los evangelios reciben mentoría de Jesús y en el libro de los Hechos dan mentoría al pueblo.

Cuando hablamos de la "paternidad espiritual," estamos incluyendo a las mujeres, aunque el término natural seria la "maternidad." El último pasaje es un ejemplo de esto pues el libro de Rut relata la historia de cómo Rut fue la hija espiritual de Naomí.

Hermano conectado con Hermano

Como ya aprendió que la iglesia de Jesucristo funciona en parte, como una familia espiritual, debe saber que los miembros de la iglesia son sus hermanos en Cristo. El segundo ciclo de la paternidad requiere que se conecte con uno de los hermanos de la iglesia con el fin de establecer una relación espiritual de amistad con él mismo. Esta persona es como un socio o colega con quien puede compartir ideas, experiencias y el ministerio. En este nivel de paternidad las dos personas son iguales en influencia y pueden tener la confianza de abrirse y rendir cuentas el uno al el otro. El discípulo debe saber que pueden existir ciertas cosas o experiencias que no debe compartir con su hermano colega ya que son asuntos que necesitan la atención e intervención de una persona más preparada como su padre espiritual.

Podemos ver este principio claro cuando Jesús envió a sus discípulos a ministrar en las aldeas de dos en dos; *"Después llamó a los doce, y comenzó a enviarlos **de dos en dos**; y les dio autoridad sobre los espíritus inmundos. Y les mandó que no llevasen nada para el camino, sino solamente bordón; ni alforja, ni pan, ni dinero en el cinto, sino que calzasen sandalias, y no vistiesen dos túnicas"* (Marcos 6:7-9). Cuando el discípulo establece una conexión espiritual con uno de sus hermanos colegas en Cristo, su desarrollo espiritual avanzará más porque tendrá un socio con que compartir su logros y obstáculos. Como está escrito: *"Mejores son dos que uno; porque tienen mejor paga de su trabajo. Porque si cayeren, el uno levantará a su compañero; pero ¡ay del solo! Que cuando cayere, no habrá segundo que lo levante"* (Eclesiastés 4:9,10).

Otros ejemplos

Pablo y Bernabé

Hechos 13:1-3 / 15:35 – *"Había entonces en la iglesia que estaba en Antioquía, profetas y maestros: Bernabé, Simón el que se llamaba Niger, Lucio de Cirene, Manaén el que se había criado junto con Herodes el tetrarca, y Saulo. Ministrando éstos al Señor, y ayunando, dijo el Espíritu Santo: Apartadme a Bernabé y a Saulo para la obra a que los he llamado. Entonces, habiendo ayunado y orado, les impusieron las manos y los despidieron. . . Y Pablo y Bernabé continuaron en Antioquía, enseñando la palabra del Señor y anunciando el evangelio con otros muchos."*

Pablo y Silas

Hechos 16: 25, 26 – *"Pero a medianoche, orando Pablo y Silas, cantaban himnos a Dios; y los presos los oían. Entonces sobrevino de repente un gran terremoto, de tal manera que los cimientos de la cárcel se sacudían; y al instante se abrieron todas las puertas, y las cadenas de todos se soltaron."*

Priscila y Aquila

Hechos 18:24-26 – *"Llegó entonces a Éfeso un judío llamado Apolos, natural de Alejandría, varón elocuente, poderoso en las Escrituras. Este había sido instruido en el camino del Señor; y siendo de espíritu fervoroso, hablaba y enseñaba diligentemente lo concerniente al Señor, aunque solamente conocía el bautismo de Juan. Y comenzó a hablar con denuedo en la sinagoga; pero cuando le oyeron Priscila y Aquila, le tomaron aparte y le expusieron más exactamente el camino de Dios."*

Padre produciendo hijos

Este último nivel es la etapa de madurez para el ciclo de la paternidad y cada discípulo debe aspirar a llegar aquí. Como sabemos, la meta y el enfoque del discipulado es formar creyentes a la fue y semejanza de nuestro Señor Jesucristo. Si el discípulo se mantiene con este enfoque, comenzará a experimentar cambios en su vida que reflejarán la fue de Jesús poco a poco. Esta transformación equipará al discípulo a ser un ganador de almas y un discipulador de creyentes y él o ella producirá hijos según su capacidad. Cuando el discípulo está bien formado, será multiplicado en otros. Este es el espíritu del discipulado funcional. Formar creyentes de una manera saludable para que puedan reflejar la fue de Jesús y transmitir esa bendición a todos los que desean recibirla. En este nivel, el hijo se hace padre fue se hace madre. El alumno se convierte en maestro. El miembro se convierte en ministro y la oveja se convierta en Pastor. Esto significa que el padre toma en sí la responsabilidad y el reto de supervisar el desarrollo espiritual de otro creyente. Este proceso de ser padre espiritual a alguien puede suceder en dos maneras pues, hay dos tipos de padres:

Padre espiritual natural – Cuando la persona que engendra es la que discípula.

Padre espiritual adoptado – Cuando el discípulo se convierto a Jesús en un lugar y desea recibir mentoría de otro líder espiritual.

Como Padre espiritual habrá momentos cuando usted engendrará hijos y habrá momentos cuando adoptará hijos, todo con el fin de darles la forma que ellos necesitan. En verdad, no importa el tipo de hijo que tengamos, si es hijo espiritual natural o si es hijo espiritual adoptado, lo que es importante es que anhelámos cumplir el llamado de formarles a la fue y semejanza de Jesús. Cuando hacemos esto, llevarémos muchos frutos para la gloria del Padre celestial y la multiplicación de la iglesia de Cristo pues, este es nuestro llamado. Tome un momento para estudiar el pasaje bíblico abajo. Este llamado a ser creyentes fructíferos y revela componentes que necesitamos para llevar fruto para la gloria de Dios:

"Yo soy la vid verdadera, y mi Padre es el labrador. Todo pámpano que en mí no lleva fruto, lo quitará; y todo aquel que lleva fruto, lo limpiará, para que lleve más fruto. Ya vosotros estáis limpios por la palabra que os he hablado. Permaneced en mí, y yo en vosotros. Como el pámpano no puede llevar fruto por sí mismo, si no permanece en la vid, así tampoco vosotros, si no permanecéis en mí. Yo soy la vid, vosotros los pámpanos; el que permanece en mí, y yo en él, éste lleva mucho fruto; porque separados de mí nada podéis hacer. El que en mí no permanece, será echado fuera como pámpano, y se secará; y los recogen, y los echan en el fuego, y arden. Si permanecéis en mí, y mis palabras permanecen en vosotros, pedid todo lo que queréis, y os será hecho. En esto es glorificado mi Padre, en que llevéis mucho fruto, y seáis así mis discípulos." Juan 15:1-8

Componentes esenciales para ser productivo

* Entender que cada creyente está llamado a producir hijos espirituales (v.2ª, 8)

* Dios es el que nos capacita para producir hijos espirituales (v.1, v.2b)

* Necesitamos mantenernos conectados con Cristo para producir hijos espirituales (v.4– 6)

* Hay que manejar bien la biblia y la intercesión para producir hijos espirituales (v.7)

Después de esta lección debe entender bien que Dios le ha llamado a establecer relaciones de amistad y mentoría con los miembros de su familia espiritual. Necesita un mentor (padre) quien sea capaz de instruirle en el camino correcto. Necesita un hermano con quien pueda compartir los asuntos de su diario vivir. Y necesita aspirar a ser un mentor un día, cooperando con la formación espiritual que Dios le anhela dar a través de sus Pastores, mentores y líderes espirituales en la iglesia. ¡Hijo eres, padre serás!

El llamado de la Paternidad

Cuidando a los Nuevos Convertidos

"Oíd, hijos, la enseñanza de un padre,
Y estad atentos, para que conozcáis cordura.
Porque os doy buena enseñanza; No desamparéis mi ley.
Porque yo también fui hijo de mi padre, Delicado y único
delante de mi madre. Y él me enseñaba, y me decía: Retenga
tu corazón mis razones, guarda mis mandamientos, y
vivirás."

Proverbios 4:1-4

¿Qué es la paternidad espiritual? Antes de hablar sobre este llamado serio, debemos tomar un tiempo para definirlo.

La paternidad espiritual es la dedicación de atención y cuidado que un creyente maduro dedica a un creyente nuevo con el fin de afirmar su fe en Jesucristo para que él no sea llevado por doctrinas falsas o por lobos espirituales. Otra palabra sinónima con esto es la palabra mentor. Un mentor está dedicado al desarrollo de otra persona. En términos espirituales, es un instrumento en las manos de Dios quien aconseja e intercede por la vida de su discípulo. El mentor debe proveer un ambiente de apoyo en momentos cuando el discípulo siente que no puede seguir en pos de Jesús. El trabajo de mentoría en la iglesia de Jesucristo es sumamente importante y debe ser tomado como tal. En esta lección vamos a considerar algunos ejemplos bíblicos de la paternidad espiritual a estudiar tres necesidades básicas de cada creyente, especialmente, los nuevos.

La biblia está llena de ejemplos de hombres y mujeres que vieron potencial en otros y tomaron el tiempo de cuidarlos y formarlos como un padre una madre espiritual. Por ejemplo, el profeta Elías preparó y entrenó a Eliseo para el ministerio profético[3]. Al final de su entrenamiento, cuando Elías fue llevado al cielo delante de Eliseo, el clamaba; "Padre mío, Padre mío" (2 Reyes 2:12). Ciertamente, Eliseo reconoció a su mentor Elías como un padre espiritual. También tenemos el ejemplo de Noemí quien se llevó a su nuera Rut (la Moabita) con ella a Belén y la aconsejó y le enseñó las leyes y las costumbres de su pueblo Israel. La influencia de Noemí fue tan impactante en la vida de Rut que ella declaró, *"dondequiera que tú fueres, iré yo, y dondequiera que vivieres, viviré. Tu pueblo será mi pueblo, y tu Dios mi Dios. Donde tú murieres, moriré yo, y allí seré sepultada; así me haga Jehová, y aun me añada, que sólo la muerte hará separación entre nosotras dos"* (Rut 1:16,17). La paternidad (o maternidad) espiritual que Noemí impartió en Rut fue tan exitosa que Rut termina casándose con uno de los hombres de más influencia en todo el pueblo. Y como si eso fuera poco, Rut, una mujer moabita, era la bisabuela del Rey David y se encuentra en el linaje mesiánico del Señor Jesús (Mateo 1:1-16).

En el nuevo testamento, vemos varios ejemplos de la paternidad espiritual. Uno de ellos es la mentoría que Bernabé fue a Juan Marco. Este ejemplo es interesante porque Juan

---

[3] 1 Reyes 19:15 a 2 Reyes 2:14

Marco comienza su entrenamiento ministerial con Bernabé y el apóstol Pablo en su primer viaje misionero. Desafortunadamente, el jóven Juan no está preparado para tolerar las demandas del campo misionero, y abandona la misión regresando a la casa de sus padres. En el próximo viaje misionero Bernabé quería dar otra oportunidad a Juan Marco, pero, el apóstol Pablo no estaba de acuerdo. Tan fuerte fue el desacuerdo, que Pablo se lleva a Silas con él y Bernabé se lleva a Juan Marco y se separaron. Lo interesante del caso es que esta nueva oportunidad que Bernabé fue a Juan Marco produjo buenos resultados en el jóven y su ministerio fue tan fructífero que el mismo apóstol Pablo, al final de su ministerio, lo reconoce[4].

El último ejemplo que debemos considerar es el mismo apóstol Pablo. En él tenemos un modelo de paternidad espiritual excelente. Fue el mentor de Timoteo, Tito, Aquilas y Presila, Onésimo, Filemón y muchos más. Sus escritos están llenos de compasión, capacitación y corrección con un espíritu paternal incomparable. Los pasajes que siguen revelan esto con claridad:

1 Tesalónica 2:3-11 – *"Porque nuestra exhortación no procedió de error ni de impureza, ni fue por engaño, sino que según fuimos aprobados por Dios para que se nos confiase el evangelio, así hablamos; no como para agradar a los hombres, sino a Dios, que prueba nuestros corazones. Porque nunca usamos de palabras lisonjeras, como sabéis, ni encubrimos avaricia; Dios es testigo; ni buscamos gloria de los hombres;*

---

[4] Véase a Hechos 12:25, 15:37-39 y 2 Timoteo 4:11

*ni de vosotros, ni de otros, aunque podíamos seros carga como apóstoles de Cristo. Antes fuimos tiernos entre vosotros, **como la nodriza que cuida con ternura a sus propios hijos.** Tan grande es nuestro afecto por vosotros, que hubiéramos querido entregaros no sólo el evangelio de Dios, sino también nuestras propias vidas; porque habéis llegado a sernos muy queridos. Porque os acordáis, hermanos, de nuestro trabajo y fatiga; cómo trabajando de noche y de día, para no ser gravosos a ninguno de vosotros, os predicamos el evangelio de Dios. Vosotros sois testigos, y Dios también, de cuán santa, justa e irreprensiblemente nos comportamos con vosotros los creyentes; así como también sabéis de qué modo, **como el padre a sus hijos,** exhortábamos y consolábamos a cada uno de vosotros, y os encargábamos que anduvieseis como es digno de Dios, que os llamó a su reino y gloria."*

<u>1 Corintios 4:14</u> – *"No escribo esto para avergonzaros, sino para amonestaros como **a hijos míos amados.**"*

Podemos declarar confiablemente que el trato del apóstol Pablo (y su equipo) con los hermanos de Tesalónica y de Corinto fue con un énfasis paternal espiritual. Si deseamos ver el desarrollo saludable de un creyente nuevo, debemos iniciar una relación espiritual con ellos de Padre a hijo pues, ciertamente los que sólo son *miembros* van de iglesia a iglesia, los que sólo son *ovejas* tienen la tendencia de perderse, más un *hijo(a)* saludable, se mantiene conectado con su Padre o Madre de por vida. Con esto en mente, vamos a estudiar tres necesidades básicas de cada creyente.

Necesidades básicas del Creyente

Alimentar

La primera necesidad fundamental de cada creyente es la nutrición espiritual. La salud espiritual del discípulo está basada, por lo menos en parte, en lo que consume. Jesús enseñó esto cuando dijo; *"No sólo de pan vivirá el hombre, sino de toda palabra que sale de la boca de Dios"* (Mateo 4:4). Esto significa que la biblia es lo que alimenta nuestro espíritu. Como padres espirituales, tenemos que ser cuidadosos y eficientes en la manera en que alimentamos a nuestros hijos en la fe. Es sumamente importante que el mentor alimente su discípulo según el nivel de su capacitación o la etapa de su desarrollo. El apóstol Pablo confirma este principio en 1 Corintios: *"De manera que yo, hermanos, no pude hablaros como a espirituales, sino como a carnales, como a niños en Cristo. Os di a beber leche, y no vianda; porque aún no erais capaces, ni sois capaces todavía"* (capítulo 3:1,2). Aunque el apóstol aplica esta verdad de una manera negativa, podemos tomar el principio y aplicarlo en lo positivo. Esto es, alimentar a nuestros hijos en la fe de acuerdo a su capacidad espiritual.

1 Peter 2:1-3 – *"Desechando, pues, toda malicia, todo engaño, hipocresía, envidias, y todas las detracciones, desead, como niños recién nacidos, la leche espiritual no adulterada, para que por ella crezcáis para salvación, si es que habéis gustado la benignidad del Señor."*

Hebreos 5:12-14 – *"Porque debiendo ser ya maestros, después de tanto tiempo, tenéis necesidad de que se os vuelva a enseñar cuáles son los primeros rudimentos de las palabras de Dios; y habéis llegado a ser tales que tenéis necesidad de leche, y no de alimento sólido. Y todo aquel que participa de la leche es inexperto en la*

palabra de justicia, porque es niño; pero el alimento sólido es para los que han alcanzado madurez, para los que por el uso tienen los sentidos ejercitados en el discernimiento del bien y del mal."

Guiar

Cada creyente, especialmente los nuevos, necesitan ser guiados. La palabra guiar significa dirigir o mostrar el camino correcto. La vida cristiana es extraña para los nuevos convertidos y necesitan a alguien que les pueda orientar y aclarar sus dudas, aún cuando alguien ya ha estudiado alguna profesión y está establecido en su carrera. Conforme a las escrituras, cada persona que ha nacido de nuevo es un "neófito" (1 Timoteo 3:6) y necesita aprender como caminar en este camino espiritual. La vida ofrece muchas oportunidades, opciones y caminos que parecen ser apropiados. Es menester que sepamos aplicar la sabiduría divina a cada situación para evitar el fracaso. El autor de los proverbios enfatizó esto en sus escritos: *"Hay camino que al hombre le parece derecho; pero su fin es camino de muerte"* (14:12).

Como el creyente es capaz de equivocarse, el mentor necesita estar pendiente y disponible para ayudar al nuevo creyente en cualquier momento. Unas de las formen que el mentor debe guiar al discípulo es a través de la consejería. Estos son los momentos cuando escuchamos sus inquietudes e intercambiamos pensamientos, ideas y opiniones con ellos. En este ambiente, el mentor debe ayudarles con sus problemas y resistir la tentación de resolver sus problemas. En este contexto podemos afirmar que un consejero espiritual es una persona que *ayuda* a solucionar los problemas de otro para la edificación de su vida espiritual. Considere estos versículos:

<u>Proverbios 12:15</u> – *"El camino del necio es derecho en su opinión; más el que obedece al consejo es sabio."*

<u>Proverbios 13:10</u> – *Ciertamente la soberbia concebirá contienda; mas con **los avisados** está la sabiduría.*

Estos pasajes revelan una conexión entre la consejería y la sabiduría. La meta de la consejería es la sabiduría. Como un mentor espiritual, nuestro trabajo es el de guiar al discípulo hacia una vida edificada a través de la sabiduría divina. La sabiduría divina es la habilidad de aplicar el conocimiento bíblico a cualquier situación en la vida humana. Vemos un ejemplo de esto en la historia de las dos mujeres rameras (1 Reyes 3:16 -28). Ambas se presentaron delante del rey Salomón declarando que el niño era suyo. Fue la sabiduría divina la que iluminó al rey a pretender que iba a partir el bebe por la mitad. Este ejercicio inspirado fue útil para revelar a la verdadera madre y; *"todo Israel oyó aquel juicio que había dado el rey; y temieron al rey, porque vieron que había en él sabiduría de Dios para juzgar"* (versículo 28). Debemos estudiar los principios y las normas de la consejería espiritual (abajo) antes de intentar aconsejar a alguien. En esta manera, podemos evitar cualquier error o escándalo cristiano.

Principios claves en la consejería espiritual

Entender – Debemos tomar el tiempo de escuchar bien la inquietud de la persona y confirmar que estamos entendiendo bien su situación, necesidad o problema.

Corregir – Indicar los errores y de la manera en que la persona está pensando o comportándose para promover cambios en sus malos hábitos.

Opciones – Debemos presentar varias opciones a la persona y darle la oportunidad de escoger. El mentor debe resistir la tentación de escoger por ellos.

Apoyar – El discípulo necesita sentirse apoyado por el mentor. Apoyámos su persona, pero, no su comportamiento erróneo. No debemos de correr sin apoyar.

Normas del consejero

* ❖ El mentor debe basar su consejo a la luz de las escrituras y no sólo por experiencia

* ❖ El mentor no debe tomar decisiones por su discípulo

* ❖ El mentor debe aclarar las opciones que exísten y las consecuencias que corresponden a esas decisiones.

* ❖ El mentor debe tolerar los errores de su discípulo con una actitud de amor y paciencia

❖ El mentor debe <u>corregir</u> la vida pecaminosa de su <u>discípulo</u> con una actitud de misericordia y restauración

❖ El mentor no debe <u>aconsejar</u> un miembro del sexo opuesto sin el apoyo de otra persona

Cuidar

La ultima necesidad que quiero compartir es la necesidad de protección. Cada cristiano recién nacido (espiritualmente), necesita ser cuidado de los lobos religiosos, creyentes rebeldes y aún, de sus propias concupiscencias. Debemos de hacer todo lo que esté a nuestro alcance para guarda las ovejas para que no sean dañadas por el enemigo. Hay dos principios claves que podemos practicar que serán una cubertura de protección para nuestros discípulos. El primero es la intercesión y el segundo es la intervención. La *intercesión* es el esfuerzo apasionado de oración que hacemos por nuestros discípulos. Nuestra primera línea de defensa debe ser en el ambiente espiritual invisible. La biblia enseña que *"no tenemos lucha contra sangre y carne, sino contra principados, contra potestades, contra los gobernadores de las tinieblas de este siglo, contra huestes espirituales de maldad en las regiones celestes"* (Efesios 6:12). Cuando hacemos intercesión, estamos parando en la brecha de la guerra espiritual a favor de ellos declarando que la voluntad del rey Jesús es lo que va a prevalecer en la vida de ellos. El apóstol Pablo oraba constantemente por sus hijos en la fe y por las iglesias que el fundo:

<u>Efesios 1:15-23</u> – *"Por esta causa también yo, habiendo oído de vuestra fe en el Señor Jesús, y de vuestro amor para con*

*todos los santos, no ceso de dar gracias por vosotros, haciendo memoria de vosotros **en mis oraciones**."*

Colosenses 1:9-14 – *"Por lo cual también nosotros, desde el día que lo oímos, no cesamos de **orar por vosotros**, y de pedir que seáis llenos del conocimiento de su voluntad en toda sabiduría e inteligencia espiritual."*

Nunca debemos de cesar de orar por nuestros hijos espirituales. Como el enemigo no cesa de planificar la derrota de ellos, tampoco debemos cesar de interceder por la salud, bendición y bienestar de los nuevos creyentes, pues escrito está: *"La oración eficaz del justo puede mucho"* (Santiago 5:16c). La oración es poderosa y eficaz, pero, no es el fin. Hay momentos en los cuales debemos de parar de orar y comenzar a obrar, pelear o practicar nuestra fe. Esto fue lo que Dios dijo a Moisés cuando estaban frente al Mar Rojo con el ejercito de Faraón detrás de ellos: *"¿Por qué clamas a mí? Di a los hijos de Israel que marchen. Y tú alza tu vara, y extiende tu mano sobre el mar, y divídelo, y entren los hijos de Israel por en medio del mar, en seco"* (Éxodo 14:15, 16). ¿Cuál es el principio que vemos aquí? Como mentores tenemos que tener un enfoque dúo; hay que orar y hay que actuar. Cuando actuamos a favor del bienestar de nuestros discípulos, estamos interviniendo a favor de ellos.

Éxodo 32:1-14 – *"...Entonces Moisés oró en presencia de Jehová su Dios, y dijo: Oh Jehová, ¿por qué se encenderá tu furor contra tu pueblo, que tú sacaste de la tierra de Egipto con gran poder y con mano fuerte?" (v.11)*

Job 1:1-5 – *"...Y acontecía que habiendo pasado en turno los días del convite, Job enviaba y los santificaba, y se levantaba de mañana y ofrecía holocaustos conforme al número de todos ellos. Porque decía Job: Quizá habrán pecado mis hijos, y habrán blasfemado contra Dios en sus corazones. De esta manera hacía todos los días." (v.5)*

Hay un llamado saliendo del trono de Dios hacia cada persona que invoca el nombre del Señor Jesucristo. Este es el día que debe recibir el llamado de Dios y ser equipado para ser un mentor poderoso en su generación. Aprenda a alimentar, aconsejar (guiar) y cuidar a creyentes que son nuevos en la fe. Ciertamente Dios le usará como un instrumento poderoso en la vida de alguien que está buscando tu apoyo. Así que, ciña sus lomos, alístace para la batalla y sea diligente en el estudio de la palabra, porque el mundo le está esperando.

Embarazo Espiritual

"La semilla de la paternidad espiritual"

Como el hijo natural está en el vientre de su madre antes de nacer, un prospecto hijo espiritual están en la mente y corazón de un creyente maduro. Tal creyente está intercediendo por él o ella constantemente, buscando oportunidades para aclarar sus dudas, disipar sus temores y compartir el evangelio en una manera fresca y relevante. En esta etapa de embarazo espiritual el candidato recibe lo que llamamos un pre-discipulado. No es un discípulo todavía porque no ha sometido su vida al señorío de Jesucristo. Es un pre-discípulo porque ya usted u otra persona le ha evangelizado y él/ella está haciendo preguntas sobre el evangelio de Jesús y mostrando interés en cambiar sus vidas. Este tiempo, antes de la conversión es crucial. La persona que está ministrando a aquel que está en el "vientre" espiritual tiene que tener mucho cuidado de la manera en que está cuidando esta persona para evitar el aborto espiritual. El prospecto padre espiritual tiene que ministrarle muy de cerca para que él o ella puedan seguir desarrollándose sin distracciones y enfermedades espirituales. El diablo tratará de matar al hijo antes de nacer, pero la oración e intervención del padre espiritual y de nuestro padre celestial destruirá todo plan satánico.

La etapa del embarazo espiritual es el principio bíblico de *engendrar* hijos espirituales. La palabra engendrar significa concebir o procrear. El apóstol Pablo uso este lenguaje cuando estaba dirigiéndose a la iglesia en Corintio, la cual el mismo había plantado en su tercer viaje misionero; *"No escribo esto para avergonzaros, sino para amonestaros como a hijos míos amados. Porque, aunque tengáis diez mil ayos en Cristo, no tendréis muchos padres; pues en Cristo Jesús* **yo os engendré** *por medio del evangelio. Por tanto, os ruego que me imitéis"* (*1 Corintios 4:14-16*). En este caso, Pablo está recordando a los Corintios que él era su Padre espiritual por lo cual, tenía el derecho de amonestarlos en el Señor. En el proceso de ser su Padre espiritual, Pablo menciona el hecho de que él le había *engendrado* "por medio del evangelio." Para ponerlo aún más claro, Pablo era la persona en Cristo que los concibió.

Pablo usa esta misma estrategia o filosofía teológica con Filemón ya que su esclavo Onésimo había abandonado el hogar y como tal había causado ciertos problemas administrativos allá. Aparentemente, el apóstol Pablo evangelizó a Onésimo después de que él había abandonado la casa de Filemón. En este caso el apóstol estaba sirviendo como mediador entre los dos, exhortando a Onésimo sobre su responsabilidad de regresar y arreglar las cuentas con su amo y apelando al corazón de Filemón para que le recibiese de nuevo en su hogar. En el proceso de su apelación, el confirma este principio de engendrar hijos; *"Por lo cual, aunque tengo mucha libertad en Cristo para mandarte lo que conviene, más bien te ruego por amor, siendo como soy, Pablo ya anciano, y ahora, además, prisionero de Jesucristo; te ruego por mi hijo Onésimo,* **a quien engendré** *en mis prisiones, el cual en otro tiempo te fue inútil, pero ahora a ti y a mí nos es útil, el cual vuelvo a enviarte; tú, pues, recíbele como a mí mismo"* (Filemón 8-11).

Ya que hemos visto este principio claro en las escrituras, vamos a estudiar el proceso bíblico de cómo engendrar hijos.

Como concebir un hijo espiritual

La Intimidad Espiritual

No existe la paternidad sin una intimidad. En lo natural, un hombre y una mujer casados disfrutan de una intimidad física y como tales, tienen la posibilidad de concebir un hijo. Podemos tomar este principio natural y aplicarlo a la realidad de nuestras vidas espirituales con Dios. Dios es nuestro amado espiritual y desea desfrutar de una dulce comunión íntima con sus seguidores. Desafortunadamente, algunos de nosotros caemos en la tentación de estar tan ocupados en la obra de Dios que no tenemos tiempo para estar con nuestro Señor. Esto fue el mensaje que la iglesia de Éfeso recibió del apóstol Juan; *"Escribe al ángel de la iglesia en Éfeso: El que tiene las siete estrellas en su diestra, el que anda en medio de los siete candeleros de oro, dice esto: Yo conozco tus obras, y tu arduo trabajo y paciencia; y que no puedes soportar a los malos, y has probado a los que se dicen ser apóstoles, y no lo son, y los has hallado mentirosos; y has sufrido, y has tenido paciencia, y has trabajado arduamente por amor de mi nombre, y no has desmayado. **Pero tengo contra ti, que has dejado tu primer amor.** Recuerda, por tanto, de dónde has caído, y arrepiéntete, y haz las primeras obras; pues si no, vendré pronto a ti, y quitaré tu candelero de su lugar, si no te hubieres arrepentido"* (Apocalipsis 2:1-5). Con esto, podemos concluir que Dios está interesado en una comunión íntima con nosotros y que no solo está interesado en las obras que podemos lograr para él. La verdad del caso es que los que procuran acercarse a la presencia de Dios en dulce comunión producirán mucho más fruto para su gloria. Los pasajes abajo testifican de esta verdad:

Hebreos 10:19-22 – *"Así que, hermanos, teniendo libertad para entrar en el Lugar Santísimo por la sangre de Jesucristo, por el camino nuevo y vivo que él nos abrió a través del velo, esto es, de su carne, y teniendo un gran sacerdote sobre la casa de Dios, **acerquémonos con corazón sincero,** en plena certidumbre de fe, purificados los corazones de mala conciencia, y lavados los cuerpos con agua pura."*

Hebreos 4:14-16 – *"Por tanto, teniendo un gran sumo sacerdote que traspasó los cielos, Jesús el Hijo de Dios, retengamos nuestra profesión. Porque no tenemos un sumo sacerdote que no pueda compadecerse de nuestras debilidades, sino uno que fue tentado en todo según nuestra semejanza, pero sin pecado. **Acerquémonos,** pues, confiadamente al trono de la gracia, para alcanzar misericordia y hallar gracia para el oportuno socorro."*

Salmos 73:27,28 – *"Porque he aquí, los que se alejan de ti perecerán; Tú destruirás a todo aquel que de ti se aparta. Pero en cuanto a mí, el acercarme a Dios es el bien; He puesto en Jehová el Señor mi esperanza, Para contar todas tus obras."*

Evite la esterilidad espiritual

Siguiendo con la comparación natural, uno de los factores que sirve como obstáculo al embarazo es la esterilidad. Cuando alguien esta estéril, su cuerpo no contiene lo que necesita biológicamente para reproducir hijos. Hay varios factores que contribuyen a esto y el cuerpo que demuestra tales características, se considera enfermo ya que la capacidad de reproducir es parte del sistema normal de un cuerpo saludable. Podemos aplicar lo mismo a la esterilidad espiritual. Conforme al Nuevo Testamento, los seguidores de Jesucristo han recibido el mandato de "*id, y haced discípulos a todas las naciones*" (Mateo 28:19). Sin embargo, si analizamos la productividad espiritual de las iglesias en cuanto al producir discípulos podemos afirmar que en términos generales hemos fallado. Hoy en día, el crecimiento en membresía de nuestras iglesias se puede atribuir al hecho de *transferencia* y no transformación. Transferencia es cuando los miembros de una iglesia toman parte de otra iglesia por razones no justificadas (pues hay algunos casos inevitables) y la iglesia local de tal crece, pero, el Reino de Dios solo recibió una transferencia de un local a otro.

Lo más triste de esto es que hoy en día hay iglesias que se enfocan más en atraer creyentes de otros lugares y son estériles en la capacidad de evangelizar al incrédulo. Los líderes espirituales en estas iglesias son expertos en convencer a creyentes ajenos diciéndoles que tendrán mejores oportunidades con ellos que en el lugar en donde están. En este caso, la iglesia, tanto como sus miembros, muestran los síntomas de la esterilidad espiritual. Por lo cual, podemos definir la esterilidad espiritual como *cualquier enfermedad espiritual* que impide al creyente producir o procrear hijos espirituales. Estas *enfermedades* (entre otras) pueden ser la falta de conocimiento (ignorancia), la falta de iniciativa propia, la falta de visión, la falta de pasión por las almas, la falta de entrenamiento o una vida carnal cuyo enfoque es más egocéntrico que Cristo-céntrico.

Cualquiera que sea el síntoma, es una enfermedad que necesita ser sanada. Considere los pasajes abajo, ellos hablan sobre el peligro de la infructuosidad del creyente:

Lucas 13:6-9 – *"Dijo también esta parábola: Tenía un hombre una higuera plantada en su viña, y vino a buscar fruto en ella, y no lo halló. Y dijo al viñador: He aquí, hace tres años que vengo a buscar fruto en esta higuera, y no lo hallo; córtala; ¿para qué inutiliza también la tierra? Él entonces, respondiendo, le dijo: Señor, déjala todavía este año, hasta que yo cave alrededor de ella, y la abone. Y si diere fruto, bien; y si no, la cortarás después."*

Lucas 19:20-23 – *Vino otro, diciendo: Señor, aquí está tu mina, la cual he tenido guardada en un pañuelo; porque tuve miedo de ti, por cuanto eres hombre severo, que tomas lo que no pusiste, y siegas lo que no sembraste. Entonces él le dijo: Mal siervo, por tu propia boca te juzgo. Sabías que yo era hombre severo, que tomo lo que no puse, y que siego lo que no sembré; ¿por qué, pues, no pusiste mi dinero en el banco, para que al volver yo, lo hubiera recibido con los intereses?*

Juan 15:1-5 – *"Yo soy la vid verdadera, y mi Padre es el labrador. Todo pámpano que en mí no lleva fruto, lo quitará; y todo aquel que lleva fruto, lo limpiará, para que lleve más fruto. . . Permaneced en mí, y yo en vosotros. Como el pámpano no puede llevar fruto por sí mismo, si no permanece en la vid, así tampoco vosotros, si no permanecéis en mí. Yo soy la vid, vosotros los pámpanos; el que permanece en mí, y yo en él, éste lleva mucho fruto; porque separados de mí nada podéis hacer."*

Evita el aborto espiritual

Lo último que debemos evitar si deseamos engendrar hijos espirituales es el aborto espiritual. El aborto espiritual es cuando una persona nace de nuevo, pero, no recibe el cuidado paternal que necesita y la fe de la creatura naufraga. Ya sea, porque los padres espirituales no pudieron rendirles el cuidado, necesario porque le eran muy jóvenes, o el hecho de que eran muy inmaduros en su carácter o porque faltaba el entrenamiento necesario para cuidar aquel que se convirtió bajo su supervisión; cuando una nueva creatura no recibe la atención y cuidado que necesita, corre el riesgo de morir, (espiritualmente hablando).

Debemos reconocer que el proceso de nutrir una nueva creatura en Cristo es un reto enorme y requiere mucho tiempo y trabajo. Tanto es el reto, que algunos se han cansado de su trabajo paternal y se rinden ante cuidado espiritual de la creatura. Esto puede resultar en el aborto del bebé espiritual matando su fe, ánimo y deseo de seguir las pisadas de nuestro Señor. También, existe la posibilidad de que el hijo espiritual se ofenda en el proceso y por voluntad propia se desconecta de la paternidad de sus padres espirituales rindiéndose en medio proceso de discipulado. Los dos ejemplos caen dentro de esta categoría del abortado espiritual y aunque no podemos controlar la voluntad de otros, debemos esforzarnos para hacer todo posible para cuidar las vidas preciosas que el Padre celestial ha puesto bajo nuestro cuidado. Los pasajes que siguen enfatizan la importancia de seguir adelante en Cristo sin rendirse y así, vencer la tentación de cometer un aborto espiritual:

Hebreos 12:1-3 – *"Por tanto, nosotros también, teniendo en derredor nuestro tan grande nube de testigos, despojémonos de todo peso y del pecado que nos asedia, y corramos con paciencia la carrera que tenemos por delante, puestos los ojos en Jesús, el autor y consumador de la fe, el cual por el gozo puesto delante de él sufrió la cruz, menospreciando el oprobio, y se sentó a la diestra del trono de Dios. Considerad a aquel que sufrió tal contradicción de pecadores contra sí mismo, para que vuestro ánimo no se canse hasta desmayar."*

Filipenses 3:13-14 – *"Hermanos, yo mismo no pretendo haberlo ya alcanzado; pero una cosa hago: olvidando ciertamente lo que queda atrás, y extendiéndome a lo que está delante, prosigo a la meta, al premio del supremo llamamiento de Dios en Cristo Jesús."*

Lucas 9:62 – *"Y Jesús le dijo: Ninguno que poniendo su mano en el arado mira hacia atrás, es apto para el reino de Dios."*

Cada creyente tiene el llamado y la capacidad de producir hijos espirituales. Lo único que tiene que hacer es procurar una vida cerca del Señor Jesucristo y como resultado, recibirá una semilla espiritual que producirá fruto en abundancia. Esta es la vida que trae gloria al Padre y un sentir de propósito al creyente. ¡En el proceso, haga todo lo posible por evitar la esterilidad y el aborto espiritual y verá que será un padre a muchos hijos!

Principios de la Paternidad

"Como ser un buen mentor espiritual"

Génesis 1-3

¿Que constituye un buen padre espiritual? ¿Qué modelo debemos usar para ser exitosos como padres espirituales?

Como la mayoría de las cosas en la vida, necesitamos un buen ejemplo para enseñarnos cómo ser padres buenos. La biblia nos enseña que Dios es nuestro Padre y podemos aprender de Él para ser padres fieles. Los versículos abajo confirman la Paternal de nuestro Dios:

Isaías 9:6 – *"Porque un niño nos es nacido, hijo nos es dado, y el principado sobre su hombro; y se llamará su nombre Admirable, Consejero, Dios Fuerte, **Padre Eterno**, Príncipe de Paz."*

Malaquías 2:10 – *"No tenemos todos un mismo **padre**? ¿No nos ha creado **un mismo Dios**? ¿Por qué, pues, nos portamos deslealmente el uno contra el otro, profanando el pacto de nuestros padres?"*

Mateo 5:16 – *"Así alumbre vuestra luz delante de los hombres, para que vean vuestras buenas obras, y glorifiquen a **vuestro Padre** que está en los cielos."*

Mateo 6:1 – *"Guardaos de hacer vuestra justicia delante de los hombres, para ser vistos de ellos; de otra manera no tendréis recompensa de **vuestro Padre** que está en los cielos."*

Hebreos 12:9 – "Por otra parte, tuvimos a nuestros padres terrenales que nos disciplinaban, y los venerábamos. ¿Por qué no obedeceremos mucho mejor **al Padre de los espíritus**, y viviremos?"

Ciertamente, podemos entender que aquel que creo todo lo que existe se ha comprometido a ser nuestro padre eterno. Quien mejor que Dios para enseñarnos como cuidar a las almas preciosas que el a entregada en nuestras manos. En esta lección, vamos a estudiar la paternidad que Dios ministró nos ha Adán y Eva y así aprender cuáles son las características de un buen padre. Tome el tiempo para leer el capítulo uno a tres del libro de Génesis y así estar, adecuadamente preparado para la lección.

Características de un buen Padre

Un Padre bueno dedica tiempo a sus hijos

La primera característica paternal que podemos ver en Dios, tiene que ver con el factor del tiempo. Los versículos del pasaje central revelan que Dios dedicó tiempo de calidad a su hijo Adán. Desfrutaban de una dulce comunión la cual tal fue iniciado por Dios. Dentro de este tiempo de calidad ellos desfrutaban de una comunión de provisión. Dios creó a Adán y

56

lo puso en el huerto que él había creado con todo tipo de árboles que contenían frutas deliciosas; había plantas con vegetales, ríos con agua fresca y hasta piedras preciosas (Génesis 2:8-14). Su comunión era de una calidad tan profunda que Dios se dio cuenta cuando Adán se sentía solo y le proveyó una esposa idónea (Génesis 2:18). Cuando dedicamos tiempo de calidad a nuestros hijos espirituales podemos ver las necesidades que tienen y ayudarles en esas áreas de necesidad. Debemos entender que no podemos suplir todas sus necesidades pues, solo Dios puede hacer eso, pero, si podemos tomar el tiempo para escucharles y así, conocer cuáles son sus necesidades. En algunos casos, tendremos los recursos para ayudarles y en otros casos, estaremos orando con ellos para que el Dios nuestro le supla lo que nosotros no podemos suplirles.

Durante esos tiempos de calidad Dios reveló y estableció su ley con Adán (Génesis 2:16,17). Tal ley no fue diseñada para cohibir o esclavizar a Adán sino, para protegerlo de la maldad. La revelación de la ley divina al ser humano establece una comunión teológica entre Dios y su hijo. Este principio es sumamente importante para los mentores pues, para poder ministrar la ley de Dios en una manera constructiva, debemos establecer primero una comunión con nuestros hijos que produzca confianza en ellos. Es necesario que el hijo sienta el amor de sus padres antes de compartir con ellos cualquier tipo de instrucción o corrección.

Para cumplir este reto, tendremos que aprender a ser mejores administradores del tiempo. Parece sencillo, pero, nuestra capacidad de ser fieles administradores del tiempo puede ser el factor crucial entre un mentor exitoso y uno que fracasa en sus esfuerzos de discipulado. Tome un minuto para analizar la tabla abajo y los versículos que siguen. Ellos promoverán en usted un sentido de responsabilidad en el área crucial de la administración del tiempo.

Factores del tiempo

❖ Debemos entender que todos tenemos el mismo tiempo – 24 horas en un día

❖ No todos tienen las mismas responsabilidades – diferentes oficios

❖ ¿Sacamos tiempo para las cosas que son más importantes para nosotros? – prioridades

❖ Nadie puede recuperar ni un minuto de su pasado

Efesios 5:15, 16 – "Mirad, pues, con diligencia cómo andéis, no como necios sino como sabios, **aprovechando bien el tiempo**, porque los días son malos."

Colosenses 4:5 – "Andad sabiamente para con los de afuera, **redimiendo el tiempo**."

Eclesiastés 3:1-8 – "**Todo tiene su tiempo**, y todo lo que se quiere debajo del cielo tiene su hora. Tiempo de nacer, y tiempo de morir; tiempo de plantar, y tiempo de arrancar lo plantado; tiempo de matar, y tiempo de curar; tiempo de destruir, y tiempo de edificar; tiempo de llorar, y tiempo de reír; tiempo de endechar, y tiempo de bailar; tiempo de esparcir piedras, y tiempo de juntar piedras; tiempo de abrazar, y tiempo de abstenerse de abrazar; tiempo de buscar, y tiempo de perder; tiempo de guardar, y tiempo de desechar; tiempo de romper, y tiempo de coser; tiempo de callar, y tiempo de hablar; tiempo de amar, y tiempo de aborrecer; tiempo de guerra, y tiempo de paz."

Seguro está, de que si queremos ser mentores exitosos necesitamos aprender a aprovechar bien el tiempo y entender que, en la vida, todo tiene su tiempo. De hoy en adelante, no va a dejar para mañana lo que pueda hacer hoy redimiendo el tiempo y glorificando a Dios por cada día de vida que él te da.

Un padre bueno aplica disciplina con sabiduría

El segundo principio bíblico de la paternidad espiritual mostrado por el padre celestial el cual, es digno de ser imitado, es la aplicación sabia de la disciplina. Este punto está sujeto a mucha discusión en este mundo posmoderno. Hoy en día, un padre puede ser interrogado y hasta encarcelado por las autoridades civiles como resultado de una mala administración de disciplina. Algo semejante puede pasar en la iglesia de Jesucristo si los líderes espirituales no aprenden cómo administrar sabiamente la disciplina bíblica. Esta es la razón por la cual algunos líderes espirituales han dejado de promover la disciplina a causa de las reacciones negativas que han recibido en sus iglesias. Cierto está que hay un sinnúmero de miembros que han dejado de ir a la iglesia porque no estaban de acuerdo con la disciplina que le fue aplicada o porque no le gustó la manera en que la disciplina le fue administrada. Sin embargo, esto no debe ser motivo de dejar de aplicar un principio bíblico establecido por el Padre.

En nuestro pasaje central, Dios tuvo que disciplinar a Adán y Eva porque violaron la ley divina (Génesis 3:16-19). Podemos notar que él no ignoró su transgresión, sino que, confrontó el pecado de los dos y aplicó una disciplina justa. Pero, su disciplina no fue aplicada con el fin de condenarles si no, con el fin de corregirles. Es por eso, que en el momento de la disciplina Dios imparte esperanza cuando declara uno de los versículos más famosas de la biblia el cual muchos confirman como el primer pasaje profético mesiánico; "Y pondré enemistad entre ti y la mujer, y entre tu simiente y la simiente suya; ésta te herirá en la cabeza, y tú le herirás en el calcañar" (Génesis 3:15). La aplicación de este versículo imparte fe y esperanza al pecador. Así como Dios ministró su disciplina con gracia, nosotros como mentores necesitamos aprender a disciplinar a nuestros hijos espirituales en una manera justa y misericordiosa. Los pasajes bíblicos abajo te guiarán a ser un Padre efectivo en esta área:

Proverbios 13: 24 – *"El que detiene el castigo, a su hijo aborrece; Mas el que lo ama, desde temprano **lo corrige.**"*

Proverbios 15:32 – *"El que tiene en poco la disciplina menosprecia su alma; mas el que **escucha** la **corrección** tiene entendimiento."*

Efesios 6:4 – *"Y vosotros, padres, no provoquéis a ira a vuestros hijos, **sino criadlos en disciplina y amonestación** del Señor."*

Antes de proseguir hacia el último punto de esta lección, quiero que revise el libro de los Hebreos capítulo doce desde el versículo uno al once (12:1-11). Uno de los mensajes centrales de este pasaje es sobre la disciplina y revela tres componentes esenciales de la disciplina que edifica. En la tabla abajo identifico estos componentes.

Componentes Esenciales de la Disciplina

Principio	Versículo
Comunicar él Porqué	despojémonos de todo peso y de pecado (v.2)
El amor	el Señor al que ama disciplina (v.6)
El Proposito	para que participemos de su santidad (v.11)

Un padre bueno sabe bendecir a sus hijos

El último principio sobre la paternidad divina que deseo compartir en esta lección es sobre la necesidad de verbalmente, bendecir a aquellos que Dios ha puesto bajo nuestra tutoría. Cuando bendecimos a nuestros hijos estamos proclamando sobre ellos una vida próspera, floreciente y exitosa. Estamos edificando su identidad, impartiendo confianza sobre su futuro, dándoles dirección y reprendiendo las dudas que la vida, el mundo y el diablo tratan de aplicar. La boca es una herramienta poderosa que Dios nos ha dado para lograr un discipulado eficaz en aquellos que estamos dando mentoría.

Vemos este ejemplo en nuestro padre celestial cuando bendijo la corona de la creación; *"Entonces dijo Dios: Hagamos al hombre a nuestra imagen, conforme a nuestra semejanza; y* *señoree en los peces del mar, en las aves de los cielos, en las bestias, en toda la tierra, y en todo animal que se arrastra sobre la tierra. Y creó Dios al hombre a su imagen, a imagen de Dios lo creó; varón y hembra los creó. Y los **bendijo Dios**, y les dijo: Fructificad y multiplicaos; llenad la tierra, y sojuzgadla, y señoread en los peces del mar, en las aves de los cielos, y en todas las bestias que se mueven sobre la tierra"* (Génesis 1:26-28 / véase también a 5:1,2). Después que Dios los creó los bendijo dejándoles saber desde un principio que él deseaba y esperaba lo mejor para ellos. De la misma manera, nosotros como mentores debemos entrenar nuestra boca para aprender a bendecir constantemente los hijos que Dios nos ha entregado. Los pasajes abajo contienen varios ejemplos de esta tradición espiritual bíblica que fue traspasada de generación a generación:

Génesis 9:1 – *"Dios bendijo Noé y sus hijos y les dijo: Fructificad y multiplicaos, y llenad la tierra."*

Génesis 12:1-3 – *"Pero Jehová había dicho a Abram: Vete de tu tierra y de tu parentela, y de la casa de tu padre, a la tierra que te mostraré. Y haré de ti una nación grande, y te bendeciré, y engrandeceré tu nombre, y serás bendición. Bendeciré a los que te bendijeren, y a los que te maldijeren maldeciré; y serán benditas en ti todas las familias de la tierra."*

Génesis 27:27 al 29 – *"Y Jacob se acercó, y le besó; y olió Isaac el olor de sus vestidos, y le bendijo, diciendo: Mira, el olor de mi hijo, Como el olor del campo que Jehová ha bendecido; Dios, pues, te dé del rocío del cielo, Y de las grosuras de la tierra, Y abundancia de trigo y de mosto. Sírvante pueblos, Y naciones se inclinen a ti; Sé señor de tus hermanos, Y se inclinen ante ti los hijos de tu madre. Malditos los que te maldijeren, Y benditos los que te bendijeren."*

Génesis 48:8 al 22 – *"Y vio Israel los hijos de José, y dijo: ¿Quiénes son éstos? Y respondió José a su padre: Son mis hijos, que Dios me ha dado aquí. Y él dijo: Acércalos ahora a mí, y los bendeciré... Entonces José los sacó de entre sus rodillas, y se inclinó a tierra. Y los tomó José a ambos, Efraín a su derecha, a la izquierda de Israel, y Manasés a su izquierda, a la derecha de Israel; y los acercó a él. Entonces Israel extendió su mano derecha, y la puso sobre la cabeza de Efraín, que era el menor, y su mano izquierda sobre la cabeza de Manasés, colocando así sus manos adrede, aunque Manasés era el primogénito. Y bendijo a José, diciendo: El Dios en cuya presencia anduvieron mis padres Abraham e Isaac, el Dios que me mantiene desde que yo soy hasta este día, el Ángel que me liberta de todo mal, bendiga a estos jóvenes; y sea perpetuado en ellos mi nombre, y el nombre de mis padres Abraham e Isaac, y multiplíquense en gran manera en medio de la tierra."*

Génesis 49:28 al 33 – *"Todos éstas fueron las doce tribus de Israel, y esto fue lo que su padre les dijo, al bendecirlos; a cada uno por su bendición los bendijo."*

Debemos notar aquí que la transferencia de herencia verbal era parte de su cultura, pero, esto no debe minimizar el impacto espiritual que conllevaba este acto ceremonial tan importante. La biblia está llena de ejemplos donde los líderes espirituales exhortaban sobre el poder de la lengua. El apóstol Santiago enseña sobre esto en el capítulo tres de su epístola (3:1-12). El apóstol Pablo exhorta a la iglesia en Éfeso sobre el peligro de hablar palabras "corrompidas" (Efesios 4:29,30) y luego les motiva a hablar; "entre vosotros con salmos, con himnos y cánticos espirituales, cantando y alabando al Señor en vuestros corazones" (Efesios 5:19). Y como eso fuera poco, nuestro Señor Jesucristo nos da un discurso sobre la relación que la boca tiene con nuestro corazón porque "de la abundancia del corazón habla la boca" (Lucas 6:43,44 / Mateo 7:15-20).

Estos principios se originaron del corazón del Padre de los padres. Con la ayuda del Espíritu Santo, tome el ejemplo que nos ha sido dado y sea el padre (o madre) que Dios te le ordenado en su palabra. Bendiga; discipline y dedique el mejor tiempo posible a los hijos que Dios le ha dado. ¡Ciertamente ellos se levantarán un día y te llamarán bendecido!

El Desarrollo de Hijos Espirituales

"Etapas del desarrollo"

En los últimos capítulos, hemos aprendido sobre el llamado de la paternidad, los principios de la paternidad y la semilla de la paternidad. En tales lecciones nuestro enfoque ha sido mayormente sobre aquel que está ejecutando la mentoría. En las próximas lecciones nuestro enfoque será sobre el recipiente de la mentoría con el fin de comprender sus necesidades básicas, las dimensiones de su formación y las etapas de su desarrollo espiritual.

En nuestro pasaje central el apóstol Pedro está exhortando a la iglesia aun crecimiento espiritual. Si analizamos el contexto de este pasaje descubriremos que Pedro les ensena sobre la necesidad que tienen de estar preparados para la segunda venida de Cristo. Su exhortación incluye la motivación de mantenerse puros sin contaminarse con el mundo pues, el pecado sirve de obstáculo del crecimiento espiritual. Es por eso que Pedro les exhorta a "creced" pues la madurez espiritual añadirá el potencial en el discípulo de resistir las ofertas paganas de este siglo. Si queremos ver nuestros discípulos libres del pecado, tenemos que motivarles a crecer. Los pasajes bíblicos que siguen confirman el reto que tenemos de crecer.

Hebreos 6:1,2 – *"Por tanto, dejando ya los rudimentos de la doctrina de Cristo, **vamos adelante** a la perfección; no echando otra vez el fundamento del arrepentimiento de obras muertas, de la fe en Dios, de la doctrina de bautismos, de la imposición de manos, de la resurrección de los muertos y del juicio eterno."*

Efesios 4:15 – *"Sino que siguiendo la verdad en amor, **crezcamos en todo** en aquel que es la cabeza, esto es Cristo."*

1 Tesalonicenses 3:12,13 – *"Y el Señor os **haga crecer** y abundar en amor unos para con otros y para con todos, como también lo hacemos nosotros para con vosotros, para que sean afirmados vuestros corazones, irreprensibles en santidad delante de Dios nuestro Padre, en la venida de nuestro Señor Jesucristo con todos sus santos."*

Ya que hemos entendido la importancia del crecimiento espiritual, debemos motivar este tipo de crecimiento en nuestros discípulos. Como mentor espiritual es importante entender en qué nivel espiritual está su discípulo pues nuestro ministerio hacia ellos depende del nivel en que se encuentran. Por ejemplo, si estamos dando mentoría a un nuevo creyente, no debemos enfocar su atención en el libro de Apocalipsis el cual contiene mucho simbolismo y alegorías. Esto sería igual que servir un bisté a un niño que solo tiene seis meses de edad. Ninguna madre hará esto porque entiende que su niño no tiene la capacidad todavía de digerir carne. De la misma manera, debemos de poner mucho quedado en cómo alimentamos a los hijos de Dios. Con esto en mente, vamos a comparar el desarrollo natural del ser humano con el proceso del desarrollo del creyente y así estudiar tres etapas del desarrollo de nuestros hijos espirituales.

Etapa de la Infancia

La primera etapa del desarrollo espiritual de un discípulo es la infancia. En esta etapa, la persona reconoce al Señor Jesucristo como su salvador personal y ha confesado y arrepentido de sus pecados. Tal creyente, muestra mucho interés en conocer a Jesús, en conocer la biblia y en la oración. En esta etapa el discípulo ha experimentado lo que llamamos el nuevo nacimiento y necesita ser cuidado y atendido muy de cerca. Debe ser ministrado y alimentado espiritualmente por su mentor en una manera constante (por lo menos una vez a la semana), ya que ellos no tienen la aptitud espiritual para comer solo. ¿Si el infante espiritual no es cuidado eficientemente corre el riesgo de ser mal nutrido, de desarrollar enfermedades espirituales o de ser destruidos por lobos rapaces?

Durante esta etapa, el mentor debe concentrarse en enseñar al discípulo los principios *básicos* que están en la biblia. Tal discípulo, debe aprender a orar, estar familiarizado con su biblia, y entender el propósito de la iglesia de Jesucristo y la importancia de ser un miembro fiel de una iglesia local. También, debe estudiar sobre la vida de Jesús que se encuentra en los evangelios ya que Cristo se ha convertido en su Salvador. Las iglesias o líderes espirituales que procuran doctrinar al nuevo creyente sobre los dogmas de la iglesia local antes de ayudarles a establecer una relación fundamental con Cristo toman el riesgo en crear un discípulo más fiel a una organización que a aquel que lo salvó.

Es por eso, que el mentor espiritual debe tener la misma actitud de una madre hacia un infante. Ella o cuida de cerca, lo vigila constantemente y es la única que lo alimenta. De la misma manera, el mentor debe desarrollar una relación cercana con su discípulo y procurar que la orientación bíblica que el nuevo creyente está recibiendo, proceda de una sola fuente (o por lo menos, de fuentes que compartan los mismos principios teológicos). Para lograr esto, el mentor tendrá que dar a su hijo espiritual un seguimiento constante y saludable. Tome un minuto para estudiar los pasajes bíblicos abajo. Ellos hablan sobre la etapa de la infancia espiritual del nuevo creyente.

<u>Juan 3:3</u> – *"De cierto, de cierto te digo, que el que no naciere de nuevo, no puede ver el Reino de Dios."*

<u>2 Corintios 5:17</u> – *"De modo que si alguno está en Cristo, **nueva criatura es**; las cosas viejas pasaron; he aquí todas son hechas nuevas"*

<u>1 Pedro 2:2</u> – *"Desechando, pues, toda malicia, todo engaño, hipocresía, envidias, y todas las detracciones, **desead, como niños recién nacidos**, la leche espiritual no adulterada, para que por ella crezcáis para salvación, si es que habéis gustado la benignidad del Señor."*

Etapa de la Niñez

La segunda etapa del desarrollo espiritual del discípulo es la niñez. Durante esta etapa el discípulo ya ha aprendido los rudimentos de la fe cristiana, se ha involucrado en una iglesia local y toma parte activa de esa familia espiritual. Aquí el discípulo disfruta de varios momentos de "descubrimiento espiritual" y comienza a experimentar de una manera básica, el propósito de la iglesia y los dones espirituales. Tal discípulo, ha aprendido a alimentarse y no depende totalmente de su mentor, aunque todavía necesita estar bajo la tutoría de un líder espiritual.

Debemos entender que cada creyente pasará por esta etapa (a menos, que no muera en su infancia) pero, no debemos mantenernos allí para siempre. El apóstol Pablo enfatiza este punto a la iglesia en Corinto cuando les dice; *"Cuando yo era niño, hablaba como niño, pensaba como niño, juzgaba como niño; más cuando ya fui hombre, dejé lo que era de niño" (1 Corintios 13:11)*. Este pasaje revela tres atributos de la niñez espiritual que merecen ser revisados. En primer lugar, los niños se *comunican* con los demás en una manera inmadura (hablar como niños). Su vocabulario no ha sido desarrollado totalmente y están limitados en el área de su expresión verbal. En segundo lugar, los niños *analizan* las cosas de una manera egoísta (pensar como niño). Todos hemos observado a un niño con su madre pidiendo juegos o dulces en una tienda repitiendo con gran voz "¡dame eso, lo quiero, es mío, es mío!"

Si su mamá no le otorga lo que le pide, el niño comienza a formar un escándalo de gritos o llantos, tratando de manipular a su madre. Este mismo principio está presente en un niño espiritual.

Sus pensamientos son egoístas y enfocados más en como él o ella pueden ser complacidos sin considerar la necesidad de su hermano y se ofende formando escándalos cuando la iglesia y sus líderes toman decisiones que no van conforme a sus gustos. La tercera característica de un niño, según el apóstol Pablo, es su habilidad de *percibir* las cosas que suceden en su vida (juzgar como niño). Algunas palabras sinónimas de juzgar es calificar, atribuir o clasificar. El discípulo que juzga como niño percibe o ve las cosas con lentes obscuros. Es un pesimista por naturaleza y no puede ver las cosas de una manera positiva. Tiene la tendencia de echarles la culpa a otros por los problemas vigentes en su vida y no toma responsabilidad por ellos. Sus conclusiones son tomadas muy rápidamente y no toma el tiempo adecuado para colectar todas las evidencias disponibles en el caso. Tal persona, basa sus convicciones más en la emoción que en la razón.

El apóstol añade dos características adicionales a esta lista de niños espirituales. La primera se encuentra en la misma carta a los Corintios; *"De manera que yo, hermanos, no pude hablaros como a espirituales, sino como a **carnales, como a niños en Cristo**. Os di a beber leche, y no vianda; porque aún no erais capaces, ni sois capaces todavía, porque aún sois carnales; pues habiendo entre vosotros celos, contiendas y disensiones, ¿no sois carnales, y andáis como hombres?"* (1 Corintios 3:1-2). Aquí, el apóstol identifica creyentes carnales como "niños en Cristo." El cristiano carnal, es aquel que se ocupa en agradar más los deseos de su naturaleza pecaminosa que los de su ser espiritual. En este caso, los Corintios estaban viviendo con "celos, contiendas y disensiones" y el apóstol identificó ese comportamiento como carnal y como tal, los pone en la categoría de la niñez espiritual.

La segunda y característica que el apóstol Pablo añade a su lista de creyentes inmaduros (niños) se encuentra en la epístola a los Efesios. En medio de su exhortación enfocada en la madurez les motiva a que ya no sean *"**niños fluctuantes, llevados por doquiera de todo viento de doctrina,** por estratagema de hombres que para engañar emplean con astucia las artimañas del error, sino que siguiendo la verdad en amor, crezcamos en todo en aquel que es la cabeza, esto es, Cristo (Efesios 4:14,15)."* En este pasaje, el apóstol identifica la ignorancia teológica como otra característica de la niñez espiritual. Evidencia de la ignorancia teológica es la falta de estabilidad bíblica en el creyente de tal forma, que él o ella no saben bien lo que creen y son llevados fácilmente por cualquier doctrina o modelo nuevo que se levanta en la iglesia universal. El que no dedica tiempo para el estudio de la palabra en una manera sistemática bajo un líder espiritual, podrá caer víctima de falsos maestros que tuercen la palabra y mal interpretan sus enseñanzas con motivos deshonestos.

El autor del libro de los Hebreos confirma esta verdad cuando declara; *"Acerca de esto tenemos mucho que decir, y difícil de explicar, por cuanto os habéis hechos tardos para oír. Porque debiendo ser ya maestros, después de tanto tiempo, tenéis necesidad de que se os vuelva a enseñar cuales son los primeros rudimentos de las palabras de Dios; y habéis llegados a ser tales que tenias necesidad de leche, y no de alimento sólido"* (Hebreos 5:11,12). El hecho de que el autor recomienda leche y no comida salida es indicativo de su estatura espiritual inmadura.

Etapa de la Madurez (el adulto)

En esta etapa, el discípulo crece a tal estatura que comienza a reflejar la imágen y semejanza de Jesús. Tal discípulo, ha descubierto y ha desarrollado sus dones espirituales sirviendo en la iglesia de Jesucristo como líder, asistente de líder o miembro de un equipo ministerial. Este hijo espiritual ha sido aprobado por Dios y supervisado por sus líderes espirituales y ha mostrado la capacidad e interés de desarrollar a otros. Tienen hijos espirituales, muestran el fruto del espíritu y aunque han logrado cierto grado de madurez, viven con un profundo deseo de seguir creciendo para ser de bendición a los que están bajo su influencia. También, reconocen que la madurez espiritual no significa que hayan llegado al *tope* de la virtud espiritual sino, que son humildes y reconocen sus limitaciones y tal actitud produce una pasión contagiable y fructífera que se transferirá para el beneficio del Reino de Dios.

Como mencioné antes, algunos creyentes se quedan en la etapa de la niñez por muchos años sin crecer hacia la etapa de la madurez. Tales creyentes, no pueden recibir la totalidad de su herencia espiritual en Cristo porque no han mostrado suficiente capacidad para adminístrala. Lo triste del caso, es que como creyentes en Jesús tenemos acceso y derecho legal espiritual a una vida abundante en Cristo, pero, el Padre nuestro no otorgará tales privilegios hasta que sus hijos muestren la madurez para administrarlos. Vemos esta verdad bíblica realizada en los hijos de Israel, quienes salieron de la esclavitud en Egipto y caminaron en el desierto hacia un lugar prometido por Dios (Canaán) de cuya tierra fluía leche y miel. Desafortunadamente, la mayoría de los que salieron de la esclavitud nunca desfrutaron de la bendición de Canaán porque no querían crecer. Como resultado, murieron sin experimentar la totalidad de su herencia terrenal.

El apóstol Pablo enfatiza este punto en el libro de Gálatas; *"Pero también digo: Entre tanto que el heredero es niño, en nada se difiere del esclavo, aunque es señor de todo; sino que está bajo tutores y curadores hasta el tiempo señalado por el Padre" (Gálatas 4:1,2).* La teología del apóstol aquí es sobria. El hace una comparación entre las leyes prácticas que gobierna un padre con una herencia natural con la vida cristiana y la herencia espiritual del creyente. El pasaje declara la perdida que sufre el niño espiritual y el requisito para desfrutar de nuestra herencia espiritual. El hecho de que el apóstol Pablo pone en la misma categoría el heredero que se encuentra en la etapa de la niñez y el esclavo que no tiene ningún derecho legal a la herencia indica la pérdida de un privilegio enorme de parte del heredero. El hecho de que el niño tiene que ser procesado por "tutores y curadores hasta el tiempo señalado por el Padre" significa que solo Dios puede autorizar la transferencia de la herencia espiritual. Si solo Dios puede autorizarlo, entonces el requisito para recibirlo se encuentra en agradecer a él. Cuando nuestra vida es agradable delante de Dios entonces el comienza a transferir, conforme a sus propósitos divinos, la totalidad de su herencia. Esta verdad debe motivar a cada discípulo de Jesucristo a crecer. Los pasajes abajo confirman el mandamiento divino de crecer.

Efesios 4:11-13 – *"Y él mismo constituyó a unos, apóstoles; a otros, profetas; a otros, evangelistas; a otros, pastores y maestros, a fin de perfeccionar a los santos para la obra del ministerio, para la edificación del cuerpo de Cristo, hasta que todos lleguemos a la unidad de la fe y del conocimiento del*

Hijo de Dios, a un varón perfecto, a la medida de la estatura de la plenitud de Cristo."

Hebreos 5:14 – "*Pero el alimento sólido es para **los que han alcanzado madurez**, para los que por el uso tienen los sentidos ejercitados en el discernimiento del bien y del mal.*"

1 Corintios 2:6-8 – "*Sin embargo, hablamos sabiduría entre **los que han alcanzado madurez**; y sabiduría, no de este siglo, ni de los príncipes de este siglo, que perecen. Mas hablamos sabiduría de Dios en misterio, la sabiduría oculta, la cual Dios predestinó antes de los siglos para nuestra gloria, la que ninguno de los príncipes de este siglo conoció; porque si la hubieran conocido, nunca habrían crucificado al Señor de gloria.*"

Cada mentor debe entender que Dios llama a cada uno de sus discípulos a creced. Este llamamiento supremo debe motivarnos como líderes espirituales de trabajar arduamente en la formación de hijos espirituales a la imagen y semejanza de Jesucristo. ¡Cuando esta verdad es comunicada de una manera clara y cuando el discípulo es adecuadamente apoyado entonces, la casa de Dios resplandecerá de hijos e hijas espirituales ocupados en la expansión del Reino de Dios y la tierra estará llena de su gloria!

Dimensiones de Formación

"Desarrollando el espíritu, alma y cuerpo"

• •

"Y el mismo Dios de paz os santifique por completo; y todo vuestro ser, espíritu, alma y cuerpo, sea guardado irreprensible para la venida de nuestro Señor Jesucristo. Fiel es el que os llama, el cual también lo hará."

1 Tesalonicenses 5:23

• •

En las lecciones pasadas estudiamos la importancia del crecimiento espiritual en la vida del discípulo. Pero, para crecer de una manera saludable necesitamos entender cómo funciona nuestro ser. Si entendemos un poco sobre como fuimos creados podemos ser edificados en una manera eficiente. La biblia enseña que el ser humano fue creado con dos componentes básicas; material natural y material espiritual. La parte natural del ser humano fue tomada del polvo de la tierra que Dios había creado y la parte espiritual del ser humano salió de Dios mismo: *"Entonces, Jehová Dios formó al hombre del polvo de la tierra y sopló en su nariz aliento de vida, y fue el hombre un ser viviente"* (Génesis 2:7).

El componente natural del ser humano tiene una parte y se conoce como el *cuerpo,* pero el componente espiritual tiene dos divisiones, el *alma* y el *espíritu.* Nuestro pasaje central confirma estos tres componentes básicos del ser humano y nos exhorta a santificar "todo nuestro ser." En esta lección vamos a analizar estas tres dimensiones del ser humano y así, aplicar los principios necesarios para la formación y edificación de nuestros hijos espirituales.

Las Tres Dimensiones de Formación

El Espíritu del Ser Humano

En primer lugar, el ser humano tiene un *espíritu* lo cual es la parte de nosotros que está *consciente de Dios*. La palabra "espíritu" en nuestro pasaje central (en el lenguaje original) es "pneuma" y significa la parte vital en donde el cuerpo es avivado, vigoroso y dinámico[5]. Como tal, el espíritu del ser humano es crucial y debe ser adecuadamente atendido y edificado por el discípulo. El espíritu del hombre está consciente de Dios porque vino de Dios pues es aquel "aliento de vida" que recibió Adán durante la creación. Por lo cual, si vamos a edificar nuestro espíritu, necesitamos practicar una disciplina espiritual cuyo enfoque es dirigido a Dios, el Padre de nuestros espíritus; pues escrito está, *"Dios es Espíritu; y los que le adoran, en espíritu y en verdad es necesario que adoren" (Juan 4:24).* Los pasajes bíblicos abajo confirman este primer componente del ser humano que estamos estudiando:

Efesios 3:14-16 – *"Por esta causa doblo mis rodillas ante el Padre de nuestro Señor Jesucristo, de quien toma nombre toda familia en los cielos y en la tierra, para que os dé, conforme a las riquezas de su gloria, el ser fortalecidos con poder en el* **hombre interior** *por su Espíritu."*

---

[5] James Strong, *Strong's Exhaustive Concordance*

Job 32:8 – *"Ciertamente **espíritu hay en el hombre**, Y el soplo del Omnipotente le hace que entienda."*

1 Corintios 2:11 – *"Porque ¿quién de los hombres sabe las cosas del hombre, **sino el espíritu del hombre que está en él?** Así tampoco nadie conoció las cosas de Dios, sino el Espíritu de Dios."*

1 Pedro 3:3, 4 – ***"Vuestro atavío** no sea el externo de peinados ostentosos, de adornos de oro o de vestidos lujosos, sino el interno, el del corazón, **en el incorruptible ornato de un espíritu afable** y apacible, que es de grande estima delante de Dios."*

La disciplina más eficiente para la edificación del espíritu del ser humano es la oración. Cuando oramos estamos disfrutando de una dulce comunión espiritual con el creador del universo. Es por eso, que la biblia nos motiva a ser creyentes dedicados a la oración. Nuestro Señor Jesucristo nos exhortó sobre la importancia de la oración en la parábola de la viuda y el juez injusto (Lucas 18). Como introducción de la misma, Cristo habló a sus discípulos sobre la *"necesidad de orar siempre y no desmayar"* (versículo uno). Si consideramos bien las palabras del maestro, encontraremos una conexión entre la oración y la fuerza espiritual del ser humano. El versículo implica que si no oramos vamos a desmayar, más si oramos, no vamos a desmayar. Como resultado de la persistencia, la viuda recibió la recompensa que estaba esperando. Este principio se repite en Getsemaní (Mateo 26:36-46). Según la historia, Jesús estaba muy triste pues, se acercaba el tiempo de su crucifixión. En medio de su tristeza, se separa para orar e invita tres de sus discípulos más íntimos para orar con él. Yendo un poco adelante, Jesús se separa para dialogar solo con el Padre y cuando regresa encuentra a sus discípulos durmiendo. Es en este contexto Jesús declara las palabras que deseo enfatizar: *"¿Así que no habéis podido velar conmigo una hora? Velad y orar para que no entréis en tentación; el espíritu a la verdad está dispuesto, pero la carne es débil"* (versículos 40b y 41). El punto que quiero extraer es que la oración nos da la fuerza espiritual que necesitamos para resistir las tentaciones de la vida pues el Señor nos enseñó que si oramos y velamos no vamos a caer en tentación. ¿Por qué? Porque la oración edifica nuestros espíritus dándonos suficiente fuerza para vencer.

En varios de sus epístolas el apóstol Pablo confirma la necesidad que tiene el creyente de establecer una disciplina de oración; *"Orad sin cesar. Dad gracias en todo, porque esta es la voluntad de Dios para con vosotros en Cristo Jesús"* (1 Tesalonicenses 5:17, 18). *"Quiero, pues, que los hombres oren en todo lugar, levantando manos santas, sin ira ni contienda"* (1 Timoteo 2:8). *"Perseverad en la oración, velando en ella con acción de gracias"* (Colosenses 4:2).

"Por nada estéis afanosos, sino sean conocidas vuestras peticiones delante de Dios en toda oración y ruego, con acción de gracias" (Filipenses 4:6). También comunica a la iglesia en Éfeso una dimensión de la oración más poderosa donde el principio de la edificación del espíritu del creyente es obvio. Se encuentra al final de su discurso la guerra espiritual dónde el apóstol menciona seis partes de la armadura de Dios concluyendo con la que el identifica como la oración en el espíritu; *"orando en todo tiempo con toda oración y súplica **en el Espíritu**, y velando en ello con toda perseverancia y súplica por todos los santos"* (Efesios 6:18). En la primera carta a los Corintios podemos ver esto aún más claro todavía:

*"El que habla en lengua extraña, **a sí mismo se edifica**; pero el que profetiza, edifica a la iglesia. . .Por lo cual, el que habla en lengua extraña, pida en oración poder interpretarla. Porque si yo oro en lengua desconocida, **mi espíritu ora**, pero mi entendimiento queda sin fruto. ¿Qué, pues? **Oraré con el espíritu**, pero oraré también con el entendimiento; cantaré con el espíritu, pero cantaré también con el entendimiento. Porque si bendices sólo con el espíritu, el que ocupa lugar de simple oyente, ¿cómo dirá el Amén a tu acción de gracias? pues no sabe lo que has dicho" (1 Corintios 14:4,13-16).*

Los teólogos pentecostales han llamado esta dimensión poderosa "orando en el espíritu." Es cuando el creyente que está lleno del Espíritu Santo intercede bajo Su poder, orando en lenguas desconocidas. Cuando el discípulo se envuelva en esta dimensión de intercesión, su espíritu ora y asimismo se edifica.

El Alma del Ser Humano

El segundo componente del ser humano es el *alma*. El alma es aquello que nos hace *consciente de mostros mismos*. En el lenguaje original, usando como base nuestro pasaje central, la palabra es traducida como "psyche" y significa deseos, afecciones o la silla de nuestras emociones. También se puede traducir como el soplo de vida. La misma palabra en el Antiguo Testamento es "nephesh" que se traduce como mente, emociones o ser viviente. Usando estas dos palabras en combinación, y para entender esta verdad en una manera más clara, podemos afirmar que el alma del ser humano es la colaboración que existe entre nuestras emociones, le mente y la voluntad. Esta posición, como mencione antes, separa al espíritu y el alma del ser humano (aunque funcionan muy de cerca). Sin embargo, debemos reconocer que algunos maestros de la biblia presentan un argumento teológico de que el alma y el espíritu no se deben dividir. Nuestra posición es que, aunque los autores escriturales usan en algunos casos estos dos términos en una forma intercambiable, hay suficiente evidencia bíblica para dividir el alma y el espíritu. Pues escrito esta; *"La palabra de Dios es viva y eficaz, y más cortante que toda espada de dos filos; y penetra hasta partir el alma y el espíritu, las coyunturas y los tuétanos, y discierne los pensamientos y las intenciones del corazón" (Hebreos 4:12).*

El alma del creyente es sumamente importante pues, es el lugar donde el carácter del discípulo es formado. La manera en que pensamos y como manejamos nuestras emociones son factores que influyen es las decisiones que tomamos. Las decisiones que tomamos indican nuestra voluntad. Nuestra voluntad repetida día tras día formará nuestro carácter. Nuestro carácter será manifestado por los hábitos que poseemos y producirá los frutos que son la evidencia de quien somos y hacia dónde vamos. En otras palabras, el carácter que tenemos producirá los hábitos que manifestamos los cuales indicarán el destino que tendremos. Tal revelación es indicativa de la prioridad que tenemos como creyentes de esforzarnos para edificar nuestras almas.

De la misma manera que la oración edifica nuestros espíritus, la palabra edifica nuestras almas. Cuando estudiamos y aplicamos la palabra de Dios, los pensamientos divinos tomen lugar en nuestra mente y corazón de tal manera que comenzamos a cambiar nuestra manera de hablar, pensar y vivir. Los pasajes que siguen serán de bendición y amplificarán su entendimiento en esto.

Santiago 1:21 – *"Por lo cual, desechando toda inmundicia y abundancia de malicia, recibid con mansedumbre la palabra implantada, la cual puede salvar vuestras almas."*

1 Pedro 1:22, 23 – *"Habiendo purificado vuestras almas por la obediencia a la verdad, mediante el Espíritu, para el amor fraternal no fingido, amaos unos a otros entrañablemente, de corazón puro."*

1 Pedro 2:11 – *"Amados, yo os ruego como a extranjeros y peregrinos, que os abstengáis de los deseos carnales que batallan contra el alma."*

2 Pedro 2:8 – *"Porque este justo, que moraba entre ellos, afligía cada día su alma justa, viendo y oyendo los hechos inicuos de ellos."*

Dicho sea de paso, que la transformación del carácter del ser humano no es nada fácil. Muchos de nosotros hemos invertído años en la formación de hábitos y pensamientos que van en contra de la ley de Dios. Es por eso, que el estudio y la aplicación de la palabra de Dios son tan importantes en la vida del discípulo. Los principios revelados en la biblia producirán un cambio poderoso en nuestras vidas, pero, esta transformación no se logra de la noche a la mañana. La renovación de nuestras almas es progresiva así, que no debemos sentirnos preocupados cuando no vemos los resultados en nosotros o en nuestros discípulos los cuales, deseamos de inmediato. Tenemos que ser pacientes. El mismo Señor Jesús tuvo que ejercer bastante paciencia con sus discípulos ya que en varias ocasiones mostraron defectos en sus carácteres. Por ejemplo, el orgullo de Pedro era tan potente que lo cegó y le impidió ver la realidad de sus temores e inseguridades. Pues, cuando Jesús iba a ser entregado trató de avisarle que le iba a negar, pero, rechazando sus palabras dijo; *"dispuesto estoy a ir contigo no solo a la cárcel, sino también a la muerte" (Lucas 22:33).* En otra ocasión, se manifestó su carácter violento y trató de matar al siervo del sumo sacerdote cuando vinieron los soldados para arrestar a Jesús (Juan 18:10). ¡Gracias a Dios que solo cortó su oreja! Jacobo y Juan querían vengar a toda una aldea de los Samaritanos pidiendo permiso a Jesús para ver si

Dios hacía descender fuego del cielo para consumirlos a todos ellos sólo porque fueron rechazados (Lucas 9:54-56). Y como si eso fuera poco, los discípulos en más de una ocasión, mostraron su inmadurez y su egoísmo peleando y discutiendo entre ellos sobre quién era el más grande (Marcos 9:33-37). El orgullo, el egoísmo, la venganza y la violencia son evidencias de un carácter defectuoso y estoy seguro de que cada uno de nosotros luchamos, en una ocasión u otra, con uno de éstos. Pero si usted no se identifica con ninguno de éstos que mencioné, le aseguro que hay algo defectuoso en usted que necesita ser cambiado. Como dice el famoso refrán puertorriqueño "el que no tiene dinga, tiene mandinga."

El Cuerpo del Ser Humano

El último y más obvio componente del ser humano, es el *cuerpo.* Así como el espíritu está consciente de lo divino y es atraído por ello; y el alma está consciente de sí misma y es atraída por lo humano; la carne está *consciente del mundo* físico y es atraída a éste. Jesús lo dijo claro en su conversación con Nicodemo; *"lo que es nacido de la carne, carne es; y lo que es nacido por el Espíritu, espíritu es"* (Juan 3:6). Por lo tanto, el cuerpo físico del ser humano, por naturaleza, se identifica con el mundo. Sin embrago, nuestro cuerpo tiene un tremendo llamado concerniente a los propósitos espirituales de Dios. Nuestro cuerpo es la casa o morada del componente espiritual del ser humano. En otras palabras, nuestro espíritu y alma viven dentro de nuestro cuerpo. Es por eso, que el apóstol Pablo declara a los creyentes en Corinto: *"¿O ignoráis que **vuestro cuerpo es templo del Espíritu Santo**, el cual está en vosotros, el cual tenéis de Dios, y que no sois vuestros" (1 Corintios 6:19)?* Esta exhortación viene a ellos para motivarles a vivir vidas santas y agradables delante de Dios ya que Pablo había recibido noticias de que algunos de los Corintios estaban practicando la inmoralidad sexual y otros estaban proyectando una espiritualidad falsa. Tales pecados, contaminan el cuerpo y pueden dejarlo inútil para el servicio del Reino de Dios.

Por lo tanto, el discípulo tiene una gran responsabilidad y llamado de cuidar su cuerpo como el templo de Dios. Podemos lograr esto de dos maneras. Primero, debemos resistir la tentación de usar nuestros cuerpos como instrumentos de iniquidad. Segundo, debemos ser diligentes en cuidar nuestra salud física para mantener nuestro cuerpo lo más saludable posible que podamos. Nuestro Señor Jesús se refirió a esto cuando nos comunicó la importancia de visitar la cruz diariamente diciendo: *"Si alguno quiere venir en pos de mí, niéguese a sí mismo, tome su cruz cada día, y sígame" (Lucas 9:23).* El mensaje de la cruz, entre otras cosas, habla del principio del sacrificio. Como discípulos de Jesús, debemos estar dispuestos a sacrificarnos por los propósitos eternos del Reino de Jesucristo. Resistir placéres deshonestos, abstenernos de comer en una manera desordenada y hacer ejercicio físico son parte del sacrificio que debemos cumplir con la ayuda, gracia y poder del Espíritu Santo. Tome un minuto para meditar en los siguientes versículos. Éstos hablan sobre la, gran responsabilidad que tenemos con nuestros cuerpos mortales:

Romanos 6:6,12 – *"Sabiendo esto, que nuestro viejo hombre fue crucificado juntamente con él, para que el cuerpo de pecado sea destruído, a fin de que no sirvamos más al pecado. . .No reine, pues, el pecado en nuestro cuerpo mortal, de modo que lo obedezcáis en sus concupiscencias."*

1 Pedro 2:24 – *"Quien llevó el mismo nuestros pecados en su cuerpo sobre el madero, para que nosotros, estando muertos a los pecados, vivamos a la justicia; y por cuya herida fuistéis sanados."*

2 Timoteo 1:7 – *"Porque no nos ha dado Dios espíritu de cobardía, sino de poder, de amor y de dominio propio."*

La realidad del caso, es que tenemos que aprender a ejercer el dominio propio que Dios nos ha dado cada día con el poder del Espíritu Santo. A pesar del grado de nuestro amor para con Dios; y a pesar de cuanta teología conocemos; y aún, a pesar de cuantas horas intercedémos ante su presencia; cada día necesitamos hacer morir los deseos equivocados de la naturaleza humana. De esta manera, serémos exitósos en cumplir el mandato del apóstol Pablo santificando todo nuestro ser, espíritu, alma y cuerpo, guardándonos de una manera irreprensible para la venida de nuestro Señor Jesucristo.

Niveles de Seguimiento

"Entendiendo nuestro método de mentoria"

Hemos dedicado este nivel de discipulado exhortándoles sobre el principio bíblico de la paternidad espiritual. Hemos aprendido que la biblia nos llama a dar seguimiento a nuestros hermanos que lo necesitan; especialmente, a los recién convertidos. Debemos entender que el creyente tiene un llamado, dado por Dios, a dedicar una parte de su tiempo a cuidar y afirmar la fe de otros. Hemos preparado esta lección para ensenarle tres niveles básicos de seguimiento espiritual (según nuestro modelo) para que pueda entender el compromiso y la responsabilidad que hay en cada nivel.

Tres Niveles de Seguimiento

El Seguidor

El primer nivel de seguimiento, conforme a nuestro modelo, es lo que llamamos el seguidor. Los seguidores tienen como meta, aclaran la fe del nuevo creyente. Este es un seguimiento básico y no es necesario tener un alto nivel de conocimiento teológico para ser parte de él. Los seguidores de la iglesia se enfocan específicamente en lo siguiente. En primer lugar, el seguidor debe celebrar junto con el nuevo creyente su decisión de aceptar a Jesús como su Señor y Salvador. La biblia enseña que aún los ángeles celebran cuando alguien se añade a la familia de fe así que nosotros también debemos celebrar esta victoria tan importante (Lucas 15:10). El seguidor también debe aclarar alguna duda básica sobre la confesión de fe de este. Algunas preguntas comunes que se hacen son; "¿Qué fúe lo que me pasó cuando Cristo me salvó?" "¿Qué hago ahora que soy cristiano?" Y "¿Qué es lo que Dios espera de mí?" El seguidor debe ser equipado para contestar estas preguntas básicas. Si hay una pregunta que el seguidor no puede contestar, él o ella deben buscar la respuesta cuando sea posible y resistir la tentación de inventar o dar una respuesta incompleta. Mientras pasa el tiempo, las preguntas del nuevo creyente pueden ser más complicadas. En el caso de que el seguidor se encuentre inútil para lidiar con los problemas del nuevo creyente, es probable que el discípulo deba ser transferido al ministerio de un tutor.

Otra carácterística del seguidor es el interés genuino que demuestra por el desarrollo espiritual del nuevo creyente. Tal deseo, debe ser evidente durante el contacto de seguimiento que el seguidor extiende hacia el nuevo discípulo. Debe comunicarse con él/ella por teléfono, por correo electrónico y con visitaciones especiales (acompañado por un tutor); una o dos veces en la semana. Si es posible, le debe acompañar a los servicios de la iglesia o a las células (grupos pequeños). Los seguidores son escogidos por el líder de seguimiento, bajo la supervisión o recomendación del Pastor de la iglesia. Las personas que se conviertan dentro un grupo de alcance o (célula), recibirán su seguimiento por el tutor. Su tarea oficial termina cuando el nuevo creyente es asignado un tutor o mentor o cuando la persona no desea recibir más comunicaciones del seguidor.

El Tutor

El segundo nivel de seguimiento es lo que llamamos el tutor. Los tutores tienen como meta afirmar la fe y la vida del creyente. Esto es un seguimiento más avanzado que el del seguidor y el tutor debe ser graduado de la Academia de Discipulado. También debe de haber mostrado buen fruto como miembro de la iglesia, como creyente o como seguidor antes de recibir este nivel de responsabilidad. Hay dos tipos de tutores en nuestro modelo de discípulado; el tutor de células y el tutor ministerial. El tutor de células se concentra en los nuevos creyentes y el tutor ministerial trabajan en el equipo de un líder de la iglesia.

Tutor de grupos pequeños

El tutor, es el líder de un grupo de alcance (célula) en un hogar fijo y tiene sus reuniones con los nuevos creyentes cada semana. El tutor debe enseñar al nuevo creyente como desarrollar una vida continúa de comunión con Jesucristo. Él/ella hará énfasis en la oración, en como leer y estudiar la biblia, en la importancia de su familia espiritual (la iglesia) y otros principios bíblicos que serán de bendición para el desarrollo espiritual del nuevo creyente. El tutor tiene un compromiso mayor con el nuevo creyente ya que el proceso de afirmarle requiere mucho más tiempo que simplemente aclarar sus dudas. Él o ella deben estar capacitados para contribuir en la formación de su fe y para ayudarle a echar raíces en la casa de Dios siendo testigos de sus primeros frutos de la fe cristiana. Debe tener la capacidad de corregir los malos hábitos del nuevo creyente con paciencia, gracia y misericordia en el amor de

Dios. El tutor necesita un asistente que le ayudará con el desarrollo de la célula y un anfitrión que prestará su hogar para las reuniones de la célula. El tutor o su asistente puede ser el anfitrión. La célula del tutor se multiplica cuando tiene quince miembros fieles a sus reuniones. Cuando logran esto, se buscará un anfitrión nuevo para una célula nueva. El tutor enviará con bendición (bajo la supervisión del liderazgo de la iglesia) a su asistente, junto con algunos miembros de la célula, para establecer una nueva célula. Si el asistente no está preparado para ser un tutor, los líderes de la iglesia asignarán a un nuevo tutor para la nueva célula. En el caso de que el asistente esté preparado y sea enviado para desarrollar un grupo nuevo, el tutor asignará, bajo la supervisión de los líderes de la iglesia, un nuevo asistente para tomar el lugar del otro.

El tutor ministerial

Los tutores ministeriales son aquellas personas que trabajan en el equipo de uno de los líderes de la iglesia. Ellos fueron escogidos (bajo supervisión del Pastor) para dar tutoría a algunos de los miembros de ese ministerio con el fin de afirmar su fe, su familia o vida personal. Por ejemplo, el líder del ministerio femenil puede tener tutores que ayuden a las madres jóvenes que no tienen mucha experiencia criando hijos. El líder del ministerio varonil puede tener tutores que den seguimiento a jóvenes o niños que no tengan padres. El enfoque del tutor ministerial es el de dar seguimiento, bajo la supervisión de su líder, a las personas en nuestras iglesias que no son nuevos creyentes, pero tienen algunas necesidades especiales y necesitan la ayuda de la iglesia. El tutor ministerial tiene más flexibilidad en cuanto a la frecuencia de su tiempo de tutoría con su discípulo basado en la necesidad. Algunos casos requieren la atención del tutor diariamente (por un tiempo breve), otros semanalmente y otros cada dos semanas o mensualmente. Lo importante es que la fe, familia y vida personal del discípulo sea afirmada a través de un tiempo de edificación con su tutor. El apóstol Pablo afirma esta verdad a la iglesia en Corinto; "No escribo esto para avergonzaros, sino para amonestaros como a hijos míos amados. Porque, aunque tengáis diez mil ayos en Cristo, no tendréis muchos padres; pues en Cristo Jesús yo os engendré por medio del evangelio. Por tanto, os ruego que me imitéis" (1 Corintios 4:15).

Podemos ver aquí al apóstol Pablo dando referencia al ministerio de tutores (ayos) que estaban presentes en la iglesia de Corinto. La declaración de "diez mil ayos" no se debe interpretar como un número literal sino, al hecho de que tenían personas que estaban contribuyendo al desarrollo espiritual de los creyentes allí. Pablo usa este término en el aspecto negativo porque parece que algunos estaban formando algunos hábitos negativos y es por eso que él les exhorta a que lo imíten.

Pablo confirma y abarca su posición sobre la importancia de la mentoria a los creyentes en Galacia; "Pero también digo: Entre tanto que el heredero es niño, en nada difiere del esclavo, aunque es señor de todo; sino que está bajo tutores y curadores hasta el tiempo señalado por el padre" (Gálatas 4:1-2). Podemos deducir de este versículo, que el padre tiene la responsabilidad de asignar un tutor a sus hijos para asistir en el proceso de su desarrollo. El hijo debe estar bajo tutores y curadores (mentores) hasta que muestre un crecimiento que sea de satisfacción del padre. Cuando esto suceda, entonces, el padre le asignará lo que le toca de su heredad y destino. Aunque el texto se refriere literalmente a tutores naturales, podemos utilizar esta verdad o método que usan para la formación de hijos naturales y adoptarla en igual manera, para la formación de hijos espirituales.

El Mentor

El tercer nivel de seguimiento es el mentor. Los mentores tienen como meta avanzar la fe y la vida del discípulo con el fin de que muestren un carácter similar a la de nuestro maestro Jesucristo. Este nivel de seguimiento es la etapa madura y el mentor debe ser graduado de la Academia de Discipulado, el Instituto Bíblico y debe también haber mostrado buen fruto como miembro de la iglesia, creyente, seguidor o tutor. Los mentores se enfocan en dos áreas del ministerio de la iglesia; el área educacional y el área ministerial.

El mentor educacional es un maestro en la Academia de Discipulado y ministra los cinco niveles de la academia a su grupo de discípulos. Sin embargo, el mentor debe estar disponible para dar mentoría fuera del salón de clase también. El mentor debe enfatizar la importancia del contínuo crecimiento espiritual del discípulo. Debe ayudar al discípulo a descubrir y desarrollar los dones que hay en él/ella enfatízando la importancia del cumplimento de su destino divino como una prioridad enseñándole que su trabajo en el reino de Dios es vital. El mentor educacional asíste en el proceso de la formación teológica del discípulo. Debe haber un ambiente de intercambio de pensamientos, ideas y de doctrínas bíblicas. El discípulo necesita saber por qué cree lo que cree y debe tener la habilidad de dar razón por la fe que hay en él. El mentor debe mantenerse conectado con sus discípulos aún, después de que se gradúen de la Academia de Discipulado.

El mentor ministerial es un líder y supervisa un área específica del ministerio de la iglesia. Debe crear oportunidades para el desarrollo del servicio del discípulo y en el proceso darle palabras de motivación y corrección. El discípulo que crece tanto que desarrolla un ministerio de liderazgo en la iglesia, tendrá a su mentor como un recurso de apoyo a quien le pueda rendir cuentas una cubertura espiritual para que el nuevo líder se pueda cuidar de las tentaciones y presiones que se presentan a cada persona quien es responsable por un grupo de personas. Cada líder espiritual debe procurar rendir cuentas a alguien, no importa el nivel de sus logros o influencia dentro del Reino de Dios. El quinto nivel de la Academia de Discipulado está dedicado al estudio de liderazgo espiritual. Mientras tanto, les dejo con este pasaje bíblico que le motivará a ser un líder que traerá honra y gloria a nuestro Rey y Señor; "Ten cuidado de tí mismo y de la doctrina; persiste en ello, pues haciendo esto, te salvara a ti mismo y a los que te oyeren" (1 Timoteo 4:16). Concluímos esta lección con dos tablas para identificar el proceso de discipulado de las personas que están a nuestro alcance y para ilustrar de una manera visible, el proceso de seguimiento según nuestro modelo.

Tabla de Discipulado

Candidato al Discipulado – Cualquier visitante o invitado que visita nuestra iglesia o grupo de alcance (célula).

<u>Un Pre-Discípulo</u> – Cualquier visitante frecuente (que no es miembro) que visita nuestra iglesia o grupo de alcance. También puede ser alguien en su familia, trabajo o vecindario quien tiene interés en el evangelio de Jesucristo, pero no se ha convertido todavía.

<u>Un Discípulo</u> – Un miembro de la iglesia que ha confesado a Jesús como su Señor y Salvador, pero aún no se ha comprometido a servir en un ministerio de la iglesia local. Tal persona, debe estar estudiando en la Academia de Discipulado o debe ser parte de una célula.

<u>Un Discípulo Efectivo</u> – Un miembro de la iglesia quien está sirviendo, está envuelto y activo en por lo menos, un ministerio de la iglesia.

<u>Un Discípulo Maduro</u> – Un miembro de la iglesia quien es un líder o asistente sobre por lo menos, un ministerio de la iglesia.

Tabla de Seguimiento

Intercesor (Nuevo Creyente)	Seguidores (1 contacto)	Tutor (2do contacto)	Mentor (3ro contacto)	Min. de Iglesia
☺	☺	☺	☺	☺
☺	☺	☺	☺	☺
☺	☺	☺	☺	☺
☺	☺	☺	☺	☺
☺	☺	☺	☺	☺
☺	☺	☺	*Gradación de la Academia*	☺

Comenzamos la escuela de mentoría enseñándoles sobre el gran mandamiento. Empezamos con esta enseñanza bíblica para compartir el llamado que tenemos como seguidores de Jesús de aprender a amar a Dios y a nuestro prójimo. Estudiamos el ejemplo del buen Samaritano para usar los principios revelados allí en el servicio a nuestro prójimo y así evitar el espíritu religioso disfuncional, presente en algunas congregaciones cristianas. Después enfatizámos en la importancia del ser parte de la familia espiritual de Jesucristo, formando relaciones de amistad y compromiso con el fin, de crear un ambiente saludable de crecimiento. Con ese fundamente esencial establecido, aprendímos varios principios necesarios para ser buenos padres espirituales concluyendo, con un enfoque en el proceso del desarrollo de los hijos espirituales que Dios ha puesto a nuestro cuidado. Lo demás, depende de tu disponibilidad y tu respuesta a este gran llamado de la mentoría. Mientras vas creciendo, Dios pondrá personas en tu círculo de influencia las cuales necesitan escuchar todo lo que tú has aprendido, no solo aquí en la Academia, sino, en tu vida personal. Debes comprender que tus experiencias son útiles para aquellos que están comenzando en este camino de la fe. Abre tu corazón, abre tu mente, y comunica con gran entusiásmo la fe que habíta en tí. Ciertamente, serás de gran bendición a muchas personas y llenarás el cielo de discípulos de Jesucristo para la honra y gloria de nuestro Salvador.

Como iniciar una Academia de Discipulado en su iglesia

Hemos creado la Academia de Discipulado para proveer un recurso que servirá para asistir a los pastores en el proceso de formar a los nuevos creyentes a la imagen y semejanza de

Cristo. Hemos simplificado este sistema para que sea fácil de ser implementado en cualquier iglesia (pequeño o grande) con el fin de que el ministerio local puede comenzar a desfrutar de sus frutos lo más antes que sea posible. Los puntos que siguen son vitales para el desarrollo fructífero de su Academia de Discipulado.

El currículo

El primer paso para iniciar una Academia de discipulado en la iglesia local es el de estar familiarizado con el currículo. Si el pastor está muy ocupado en el ministerio, esta tarea puede ser delegada a uno de sus líderes. Nuestro curso de discipulado consiste en cinco niveles de entrenamiento y cada uno tiene una concentración específica para que el discipulo sea adecuadamente preparado en la misma. El currículo consiste en un libro de texto para el maestro (La Academia de Discipulado) y cinco manuales de trabajo para el alumno. Los cinco niveles de entrenamiento son:

(1) La escuela de adorares – el enfoque del primer nivel es de enseñar al creyente como desarrollar una vida espiritual íntima con Jesucristo.

(2) La escuela de evangelismo – el enfoque del segundo nivel es enseñar al creyente cómo compartir el evangelio de Jesucristo con otros.

(3) La escuela de mentoría – en el tercer nivel el creyente es orientado en cómo cuidar y afirmar a las personas que él o ella ha ganado para Cristo

(4) La escuela del ministerio – en el cuatro nivel el discípulo es orientado en como descubrir y desarrollar los dones que

Dios les ha dado con el fin de participar como voluntario en la iglesia local.

(5) La escuela de líderes – en el último nivel enseñamos al creyente a cómo ser un líder en su hogar, en la iglesia y en su comunidad. Al completar los cinco niveles de entrenamiento, estará listo para ser colaborador en la expansión del reino de nuestro señor, trabajando arduamente para el avance de la iglesia local.

El director de la Academia

Después de estar familiarizado con el currículo de la Academia de Discipulado, la próxima tarea es de establecer un director de la Academia. Algunas de las funciones del director son: (1) Dirigir el equipo de liderazgo de la Academia que consiste en un asistente y un secretario/tesorero; (2) supervisar todos los aspectos de la academia; (3) someter un reporte mensual de la academia al pastor; (4) reunir con los maestros/mentores de la academia una vez al mes para dialogar con ellos sobre su ministerio de discipulado con el fin de inspíralos, apoyarlos y perfeccionarlos; (5) establecer los horarios donde los maestros y alumnos tendrán sus reuniones; (6) organizar el retiro de discipulado (nivel 1); organizar el retiro de líderes (nivel 5). Nombramiento del equipo de líderes de la Academia debe ser bajo la supervisión del pastor local o según los reglamentos de la iglesia.

El asistente al director

El asistente al director de la Academia de Discipulado es responsable por dirigir el equipo de seguimiento de la iglesia local. Este equipo es responsable de registrar y asimilar cada persona que se convierte a Cristo en el ministerio de la iglesia. El asistente constantemente está revisando la lista de registro de nuevos convertidos, con el director, para crear una lista de personas que desean comenzar a estudiar en la Academia de Discipulado. Nombramiento para los miembros del equipo de seguimiento, que dirige el asistente director de la Academia, serán en colaboración del equipo del liderazgo de la Academia y con la aprobación del pastor. El asistente también ayudara al director en todo lo que sea a su alcance.

El secretario/tesorero

El secretario/tesorero de la Academia de Discipulado es un apoyo administrativo y espiritual del líder y su asistente. Parte de sus responsabilidades administrativas son: (1) mantener el registro de los nuevos convertidos de la congregación; (2) colectar las asistencias de cada grupo de discipulado, compiladas por la secretaria del grupo, y archivarlos para el reporte mensual; (3) mantener un registro de las ofrendas de cada grupo y los fundos de la colecta de los libros pagados; (4) ordenar los libros de discipulado asegurando que cada grupo tenga sus libros a tiempo.

Los maestros/mentores

La próxima tarea es de establecer un equipo de maestros/mentores que serán responsable de supervisar la formación espiritual de sus alumnos enseñándole la materia de cada lección en el libro y apoyándoles en sus proyectos. En nuestro sistema, asignamos dos líderes para cada grupo de discipulado desde su inicio y continuaran con ellos hasta que cumplen los cinco niveles de la academia. De esta manera, el discípulo disfrutara de una formación estable y consistente.

Reglamentos de la Academia

Cada lección de estudio de la Academia de Discipulado contiene información práctica y pasajes bíblicos para la edificación del creyente. La mayoría de las lecciones en cada nivel pueden ser ministradas por el maestro/mentor, a sus discípulos, en una hora de clase. Las lecciones que son más extensos deben ser divididos en dos clases (ninguna lección debe ser dividido en tres clases). Si siguen este modelo, el alumno podrá completar la academia en un año y medio. Los reglamentos que siguen deben ser considerados por cada maestro/mentor:

❖ Todo estudiante de la Academia debe completar los cinco niveles de discipulado para poderse graduar.

❖ Todo estudiante debe cumplir con los proyectos de discipulado de cada módulo antes de ser promovidos al próximo nivel (véase a *los proyectos del discípulo*).

❖ Todo estudiante debe completar un mínimo de ocho lecciones en cada nivel para ser promovidos al próximo nivel.

❖ Todo estudiante debe venir completamente preparado a la clase para el estudio (con la Biblia, el libro de texto o el cuaderno, y una libreta de apuntes).

Para los alumnos que están estudiando algún nivel por su cuenta (sin un maestro) y desean recibir de nuestras oficinas un certificado de nuestro ministerio, deberán tomar un examen escrito (provisto por nuestras oficinas) en la presencia de algún oficial de su iglesia.

Toda instrucción o reglamento adicional está a la discreción del maestro. Los materiales que corresponden a cada nivel están disponibles y pueden ser adquiridos comunicándose con las oficinas de nuestro ministerio al (973) 472-3498 o vía Internet a joaby@aol.com o www.academiadediscipulado.com.

Proyectos del discípulo

Cada nivel de preparación en la Academia de Discipulado viene con la asignación de un proyecto diseñado para la práctica de los principios bíblicos aprendido. En la mayoría de los casos, los maestros/mentores deben de estar presente para supervisar el desarrollo de sus discípulos. Estos proyectos son:

1. *La escuela de adoradores* – un retiro espiritual en la iglesia anfitriona con todos los alumnos

2. *La escuela de evangelismo* – trabajo personal en las calles, plazas o "mall" de la cuidad

3. *La escuela de mentoría* – trabajo personal en los hospitales o asilo de ancianos

4. *La escuela de ministerio* – cada alumno debe ser voluntario de uno o varios ministerios de su iglesia local para descubrir donde Dios le está llamando a servir.

5. *La escuela de líderes* – cada alumno debe asistir al retiro de líderes en preparación de su graduación. En este retiro, cada alumno compartirá su experiencia de formación con su grupo. La última parte del retiro consistirá en una ceremonia de lavamiento de pies donde el alumno tomara para si un colega, y tomaran turnos para lavar los pies el uno al otro, orando y bendiciendo el uno al otro en el proceso.

El Pacto del Discípulo

Para caminar hacia la madurez en Cristo, y para completar la Academia de Discipulado, me comprometo a:

1. Leer cada capítulo y completar los autoexámenes al final de cada lección para poder participar de forma activa en la clase.

2. Reunirme cada semana con el grupo y mi maestro/mentor durante una hora de clase para hablar del contenido de la lección.

3. Dar todo mi corazón al Señor y abrir mi mente con el fin de iniciar un proceso de discipulado progresivo y seguro.

4. Participar en la clase con el fin de contribuir a un ambiente saludable y sincero respetando los otros alumnos y al maestro/mentor.

5. Completar cada proyecto del discipulado antes de continuar al próximo nivel de entrenamiento en la Academia.

6. Mantenerme conectado con los otros alumnos en mi clase y continuar en la Academia de Discipulado hasta que termine todos los niveles de entrenamiento. Pues solo así, podrá graduarme y ser adecuadamente preparado para servir en la iglesia done soy miembro.

Firma del alumno _____

Firma del maestro _____

Fecha _____

Tarjeta del Nuevo Creyente

Nuevo Convertido(a) al Señor Jesucristo

Fecha: _____

Nombre: _____ Edad: _____

Dirección: _____ Apt. _____

Ciudad: _____ C.P. _____

Hijos (children) _____

Nombre (Name) _____ Edad (Age) _____

Nombre (Name) _____ Edad (Age) _____

Nombre (Name) _____ Edad (Age) _____

Invitado por (Invited by) _____

de Teléfono/Telephone: _____

de Celular (Cell phone): _____

Correo Electrónico/Email: _____

Caballero/**M**ale _____ Dama/**F**emale _____

Niño/Child **F**_____ **M** _____ Joven/Youth **F**_____ **M** _____

Escriba su Petición Atrás

Reporte de Seguimiento

Fecha: _____

Nombre	Telefono	Correo electronico	Dias disponible	Comentarios

Reporte Mensual de la Academia

Fecha: _____

Maestro	Nivel	# de alumnos registradas	# alumnus Aucente	Libros	Cantidad colectada	Dueda de libros

Autoexámenes

1) ¿Cuál es el mandamiento más importante en toda la biblia?

   _____

   _____

   _____

   _____

2) ¿Según esta lección, cual es la evidencia del creyente que ama a Dios?

   _____

   _____

   _____

   _____

3) ¿Según la biblia, como debemos tratar a nuestro prójimo?

   _____

   _____

   _____

   _____

4) Revise a Romanos 13:8-10 y Santiago 2:8-10 para explicar cómo el creyente debe ser cumplidor de la ley.

_____

_____

_____

_____

5) Explique cómo es que el amor fraternal nos hace servicial.

_____

_____

_____

_____

Autoexamen #2

1) Explique cómo fue la actitud del sacerdote en la parábola del buen samaritano

2) ¿Qué significa ser legalista?

3) ¿Qué significa ser hipócrita?

4) Explique cómo fue la actitud del levita en la parábola del buen samaritano

_____

_____

_____

_____

5) Explique cómo fue la actitud del samaritano en la parábola del buen samaritano

_____

_____

_____

_____

Autoexamen #3

1) Explique en qué manera es que los creyentes somos parte de la familia de Dios.

_____

_____

_____

_____

2) ¿Conforme a esta lección, Quién son los abuelos espirituales de la familia de Dios?

_____

_____

_____

_____

3) ¿Qué significa ser parte de la familia universal de Dios?

_____

_____

_____

_____

4) ¿Conforme a nuestra lección, que significa ser un padre espiritual?

_____

_____

_____

_____

5) ¿Conforme a nuestra lección, quien son los hermanos mayores en la familia de Dios?

_____

_____

_____

_____

Autoexamen #4

1) Explique la importancia del ciclo de la paternidad.

_____

_____

_____

_____

2) Explique porque es importante que el discípulo reciba mentoria de otra persona.

_____

_____

_____

_____

3) Escribe algunos ejemplos bíblicos de discípulos y sus mentores.

_____

_____

_____

_____

4) Explique porque es importante que el discípulo tengo otro discípulo con que pueda compartir.

_____

_____

_____

_____

5) Escribe algunos de los componentes esenciales de la productividad.

_____

_____

_____

_____

6) Escribe algunos ejemplos de discípulos que andaban en comunión con otros discípulos.

_____

_____

_____

_____

Autoexamen #5

1) ¿Qué es la paternidad espiritual?

_____

_____

_____

_____

2) Escribe los nombres de algunas personas que el apóstol
Pablo otorgo paternidad espiritual.

_____

_____

_____

_____

3) Conforme a nuestra lección, explique en qué manera el
discípulo necesita alimentarse.

_____

_____

_____

_____

4) Escribe algunos principios de la consejería espiritual.

_____

_____

_____

_____

5) Explique porque es que el discípulo necesita ser protegido.

_____

_____

_____

_____

Autoexamen #6

1) Conforme a nuestra lección, ¿Qué es un embarazo espiritual?

_____

_____

_____

_____

2) Conforme a nuestra lección, ¿Qué significa ser espiritualmente estéril?

_____

_____

_____

_____

3) Explique lo que significa "intimidad espiritual".

_____

_____

_____

_____

4) ¿Cuál es el riesgo de que un discípulo sea ofendido?

_____

_____

_____

_____

5) ¿Cuál es una característica de la vida carnal conforme a esta lección?

_____

_____

_____

_____

Autoexamen #7

1) ¿Qué constituye ser un buen padre espiritual?

_____

_____

_____

_____

2) Explique la importancia de que el padre dedica tiempo a su hijo espiritual.

_____

_____

_____

_____

3) ¿Cuál es el beneficio de la disciplina?

_____

_____

_____

_____

4) ¿Cómo puede un padre bendecir a su hijo espiritual?

_____

_____

_____

_____

5) Escribe algunos de los componentes esenciales de la disciplina.

_____

_____

_____

_____

Autoexamen #8

1) ¿Qué significa crecer espiritualmente?

_____

_____

_____

_____

2) Explique algunas de las características de la etapa de la infancia espiritual.

_____

_____

_____

_____

3) ¿Qué significa "desear la leche espiritual"?

_____

_____

_____

_____

4) Explique algunas de las características de la etapa de la niñez espiritual.

_____

_____

_____

_____

5) Explique algunas de las características de la madurez espiritual.

_____

_____

_____

_____

Autoexamen #9

1) ¿Cuáles son las características del espíritu del ser humano?

_____

_____

_____

_____

2) Explique cómo la oración puede fortalecer el espíritu del ser humano.

_____

_____

_____

_____

3) ¿Cuáles son las características del alma del ser humano?

_____

_____

_____

_____

4) Los componentes básicos de nuestra alma son nuestros pensamientos, nuestras _____ y nuestra capacidad de tomar _____.

5) Explique cómo el cuerpo del discípulo puede facilitar la salud espiritual.

_____

_____

_____

_____

Autoexamen #10

1) Conforme a nuestra lección, ¿cuál es el trabajo del "seguidor"?

_____

_____

_____

_____

2) Conforme a nuestra lección, ¿cuál es el trabajo del "tutor"?

_____

_____

_____

_____

3) Conforme a nuestra lección, ¿cuál es el trabajo de un "tutor ministerial?"

_____

_____

_____

_____

4) Conforme a nuestra lección, ¿cuál es la responsabilidad de un mentor?

_____

_____

_____

_____

5) Conforme a nuestra lección, ¿qué es un pre-discípulo?

_____

_____

_____

_____

Bibliografía

Ralph Earl. *How we got our Bible*. Kansas City: Beacon Hill Press, 1992.

Frederick C. Mish, Editor in Chief. *The Merriam-Webster Dictionary*.

Springfield: Merriam-Webster publishers, 1989.

Earl D. Radmacher, General Editor. *The Nelson Study Bible, NKJV*.

Nashville: Thomas Nelson Publishers, 1997.

Frank Charles Thompson. *Biblia de Referencia Thompson, R.V.*

1960. Miami: Editorial Vida, 1983.

Dios Habla Hoy. España: Sociedades Bíblicas Unidas, 1996.

W.E. Vine. *Vine Diccionario Exhaustivo*. Nashville: Editorial Caribe, 1999.

James Strong. *Nueva Concordancia Strong Exhaustiva*. Nashville:

Editorial Caribe, 2002.

Matthew Henry. *Matthew Henry's Commentary on the Whole Bible*.

Peabody: Hendrickson Publishers, 1997.

Alfred Thomas Eade. *Estudio Bíblico de la Nueva Panorama.*
El Paso: Editorial Mundo Hispano, 2001.

S. Leticia Calcada. *Diccionario Bíblico ilustrado Holman.*
Nashville:

B&H Publishing Group, 2008.

Webster's New American Dictionary. New York: Books Inc.,
1947

Recursos de la Academia

de Discipulado

Nivel 1   Nivel 2   Nivel 3   Nivel 4   Nivel 5

Para más información:

Joseph Anthony Andino

15 Grove Street

Passaic, New Jersey 07055

Joaby@aol.com

www.academiadediscipulado.com

973-472-3498